Norbert Becker
Helmuth Heinz
Caroline Lüderssen

Einführung in die Lektüre italienischer literarischer Texte

C.C. Buchner

Einführung in die Lektüre italienischer literarischer Texte

herausgegeben von Norbert Becker, Helmuth Heinz und Caroline Lüderssen
in Verbindung mit *Italienisch* - Zeitschrift für italienische Sprache
und Literatur

1. Auflage 1 321 2005 03 01
Die letzte Zahl bedeutet das Jahr dieses Druckes.

Dieses Werk folgt der reformierten Rechtschreibung und Zeichensetzung.
Ausnahmen bilden Texte, bei denen künstlerische, philologische oder
lizenzrechtliche Gründe einer Änderung entgegenstehen.

www. ccbuchner.de

Einband: Renate Lehmacher, Friedberg
Satz und Druck: Aktiv Druck & Verlag, Ebelsbach

ISBN 3 7661 **4947** 4

Inhaltsverzeichnis

Vorwort der Herausgeber

Neben der Wahl eines geeigneten Lehrwerkes ist das Gelingen des Übergangs zur Lektüre italienischer Texte eine der wichtigsten Voraussetzungen für einen erfolgreichen Italienischunterricht. Von der selbstverständlichen Voraussetzung einer engagierten, optimistischen und motivierten Grundhaltung der Unterrichtenden braucht in diesem Zusammenhang nicht gesprochen zu werden. Die Anziehungskraft des Literaturunterrichts erleichtert den Schülern die Wahl des Italienischen in der Oberstufe, denn die moderne wie die klassische italienische Literatur enthält zahlreiche interessante, in hohem Maße attraktive, motivierende Werke.

Die Sektion „Didaktik der Literatur“, die anlässlich der gesamtromanistischen Tagung „Romania I“ 1997 in Jena durchgeführt wurde, befasste sich mit Möglichkeiten, in die Behandlung dieser Literatur einzuführen. Verschiedene Wege konnten dabei erläutert werden: Einbetten von literarischen Texten in landeskundliche Zusammenhänge, thematische Kombinationen, Einsatz von Medien wie z.B. Film, Erwerb der Besprechungssprache, längere Lektüren, Bewältigen von relativ schweren Texten usw.

Zur Ergänzung des thematischen Spektrums wurden in diesen Band noch vier weitere Beiträge aufgenommen, die sich mit der Behandlung von literarischen Texten (wozu auch die italienische *canzone d'autore* zählt) befassen. Zwei zusätzliche Publikationen, die zuerst in der Zeitschrift *Italienisch* erschienen sind, geben konkret Möglichkeiten an, die italienische *canzone* im Unterricht einzusetzen. Die Benutzung von *canzoni* im Unterricht erweist sich erfahrungsgemäß als sehr motivierend. Zwei weitere Beiträge wurden eigens für diesen Band geschrieben. Einen wichtigen neueren Ansatz stellt der Versuch dar, bildgestützte kreative Sprechanlässe für die interkulturell bedeutsame Verwendung von Märchen und Fabeln zu entwickeln. Ein multimedialer Unterricht berücksichtigt den Einsatz von Bild und Ton im Unterricht. Allein oder miteinander verbunden kann die Verwendung fruchtbar in den Beginn der Behandlung literarischer Texte eingebracht werden.

Wir hoffen, dass die einzelnen hier in einem Band zusammengestellten Beiträge, die aus der Unterrichtspraxis stammen, vor allem denjenigen, die das schöne Fach Italienisch unterrichten oder sich in der Ausbildung dafür befinden, viele Anregungen zu geben vermögen.

Norbert Becker, Helmuth Heinz, Caroline Lüderssen

NORBERT BECKER

Problemfelder der unterrichtlichen Behandlung von literarischen Erstlektüren im Italienischunterricht

Der Übergang vom Lehrbuch zu authentischen, d.h. literarischen bzw. landeskundlichen Texten, die für den Muttersprachler bestimmt sind, stellt einen äußerst wichtigen Abschnitt im Unterricht einer Tertiärsprache dar. Die Schüler haben den Eindruck, zum Zielpublikum zu gehören und damit selbst vom Verfasser ernst genommen zu werden. Die Texte sind nicht mehr zum Spracherwerb verfasst, sondern haben eine wie auch immer geartete Botschaft an Muttersprachler, und die Schüler müssen lernen, sich an diese Rolle zu gewöhnen. Für die Weiterwahl des Faches Italienisch ist das Gelingen dieses Übergangs daher für die Motivation von hoher Bedeutung. Doch bevor wir uns den einzelnen Problemfeldern zuwenden, ist zur Fokussierung unserer Überlegungen auf einige Fragen zu antworten.

So stellt sich in einem lernerzentrierten Unterricht zunächst die Frage nach dem Zielpublikum. Welches Alter hat es? Welches könnten seine Interessengebiete sein? Welches sind seine psychologischen Voraussetzungen? Damit verbunden sind die Lernziele, die man erreichen will. Welche Fähigkeiten und Kenntnisse sollen die Lerner erwerben? Wie soll der Lernstoff gestaltet werden, wie dem Zielpublikum nahegebracht werden? Diese Fragen sollen nicht abstrakt, losgelöst von einer konkreten Thematik oder allgemein didaktisch, sondern eng mit dem Thema „Einführung in die Lektüre literarischer Texte im Italienischunterricht“ verbunden erörtert werden.

Meist ist Italienisch dritte, oft vierte, in besonders günstigen Fällen, z.B. in Bayern, auch zweite Fremdsprache. Der Unterricht in diesem Fach beginnt also meistens dann, wenn die Jugendlichen 12-16 Jahre alt sind. Man kann demnach davon ausgehen, dass die Schüler im Alter zwischen 15 und 17 Jahren mit der Lektüre von literarischen Texten beginnen, wenn sie nicht bereits während der gesamten Lehrbuchphase damit gearbeitet haben. Allerdings setzt das texttypologische Arbeiten doch ein gewisses Sprachniveau, also etwa 1 1/2 Jahre Sprachunterricht voraus.

Versuchen wir nun, die Jugendlichen in dem genannten Alter etwas zu charakterisieren, um zu sehen, ob, und wenn ja, welche, Literatur diese Altersgruppe zu interessieren vermag. Ich beziehe mich neben der eigenen Erfahrung als Lehrer auf drei Werke der entsprechenden Fachliteratur (Ausubel 1976; Bovet/Huwendiek 1974 und Orter/Montada 1995[3]).[1] Die Pubertät neigt sich in der für uns wichtigen Altersstufe dem Ende zu. Dies bringt in verschiedenen Bereichen eine Reihe von Veränderungen mit sich. An die Stelle der Eltern treten als Bezugspersonen in erheblichem Maße die Altersgenossen. Bei ihnen sucht der Jugendliche Anerkennung. Die alten Maßstäbe werden zwar nicht verdrängt, aber doch ergänzt oder in Frage gestellt. Die Jugendlichen sind leicht desillusioniert hinsichtlich der bisherigen Wertvorstellungen und Bezugspersonen (vor allem der eigenen Familie). Alte Identifikationen lösen sich auf, neue werden gesucht. Eine gewisse Konsequenz, ja Rigorosität des Urteils und der Beurteilung sind unverkennbar. Damit einher geht ein häufiger Gefühlswechsel; der Jugendliche glaubt, andere beobachteten ihn dauernd, er stehe sehr oft im Mittelpunkt, andere hätten ähnliche Interessen wie er selbst. Daraus ergibt sich eine gewisse Überbewertung der eigenen Empfindungen und eine überhöhte Verletzlichkeit. Der Jugendliche sucht tragende Ideen, die ihm helfen, in dieser sich für ihn ändernden Welt zu bestehen. Die Leistungsgesellschaft bildet zudem eine Herausforderung in seiner Wertorientierung. Sein Denken wird jetzt erheblich mehr als früher von Abstraktion beherrscht. Diese Entwicklung ist natürlich für die Lektüre von Literatur sehr förderlich. Der Jugendliche versteht es, selbständiger als früher Probleme logischer Art und kausale Beweisführungen zu bewältigen. Trotz einer deutlichen Steigerung der Gefühlswerte kann er Fakten mit mehr Objektivität beurteilen. Er beachtet die Welt der Gefühle und versteht sie eigentlich erst jetzt. Dies zeigt sich auch im entsprechenden Wortschatz der Jugendlichen. Die Folge sind Interesse und Verständnis für individuelle Eigenarten der Menschen, für Landschaften und künstlerischen Stil. Damit sind die Voraussetzungen für ein ästhetisches Werturteil und sogar Genießen von Kunst vorhanden. Es wird ihm erst jetzt möglich, die formale Eigenart von Literatur bewusst zu erfassen.

Was bedeutet dies für unsere Überlegungen? Nach dem Lehrbuch, das meistens Texte enthält, die für den Spracherwerb verfasst wurden, die also dem Schüler stets als etwas Künstliches erscheinen, selbst wenn sie noch so gut sind, macht den Lernenden die Lektüre von literarischen Texten Freude. Von ihnen geht viel motivierende Kraft aus. Die Schüler sind überrascht, dass die Texte ambivalent, ja sogar polyvalent sein können. Sie werden angeregt, lassen sich gerne provozieren und empfinden Neugier. Das Bewusstsein, einen authentischen Text, der für Muttersprachler verfasst wurde, vor sich zu haben, ihn verstehen zu können, erzeugt ein Gefühl der Befriedigung. Vor allem, wenn es sich um einen abgeschlossenen Text handelt, wird mit der Textauswahl sozusagen attestiert, dass man eine wichtige, d.h. die erste Etappe im Fremdsprachenunterricht hinter sich hat. Das Interesse der jugendlichen Leser wird von Gehalt und Thema literarischer Texte geweckt und aufrechterhalten. Der sprachliche Schwierigkeitsgrad der Texte – natürlich sollte die sprachliche Barriere nicht zu hoch sein – schafft Entdeckerfreude.

Welche Texte eignen sich nun prinzipiell besonders gut für die Einführung in die Literatur? Bei der Auswahl sind a) die sprachliche Seite, b) Aspekte der Motivation, c) texttypologische Momente zu beachten.

a) Die sprachliche Barriere sollte, wie gesagt, nicht zu hoch sein, um die Schüler nicht abzuschrecken. Nachdem im 1. und zum Teil auch im 2. Lernjahr überwiegend dialogische Texte im Unterricht als Muster für die zu erlernende gesprochene Standardsprache behandelt wurden, wird man Texte auswählen, die wenigstens z.T. ähnliche Merkmale aufweisen. Diese zeigen sich im Verhältnis von Parataxe zu Hypotaxe, von kurzen zu langen Sätzen, von Standardsprache zu poetischer oder fachspezifischer Sprache, von der Sprache der Gegenwart zur Sprache vergangener Epochen usw. Das bedeutet nicht, dass man den genannten Elementen, die die Lektüre erschweren und verlangsamen, in jedem Falle ausweichen sollte. Man sollte sie den Schülern jedoch nicht zu geballt vorsetzen. Auch sollte man Techniken, die sich für die Bewältigung schwererer Texte eignen, unter Umständen bereits in einem frühen Stadium des Literaturunterrichts fruchtbar machen. Mittel, der Überforderung entgegenzusteuern, wie z.B. lexikalische Vorklärung, (verbale) Bestimmung des Erwartungshorizonts usw., sollten angewandt werden. Es gilt, das Verhältnis von methodisch-didaktischem Aufwand und Zeitansatz mit dem Ergebnis zu vergleichen.

b) Die Gefahr, die Motivation durch eine unangemessene Schwierigkeitsstufe zu beeinträchtigen, sahen wir bereits. Positiv jedoch liegt der Hauptanteil an Motivationskraft im thematischen Bereich. Die Schüler achten besonders auf den Inhalt, die Problematik und die eventuelle Botschaft bzw. Aussage des jeweiligen Textes. Im positiven – aber auch im negativen – Falle können wir eine Reaktion der Schüler erwarten. Sie sollten vom Text angesprochen oder herausgefordert werden. Die Themen sollten nach vorne in das Erwachsenenenalter gerichtet sein und nicht zurück in die Kindheit. Fragen der zwischenmenschlichen Beziehungen, der Liebe, Sexualität, eines sinnerfüllten Lebens, des Engagements für die Umwelt, für andere, für die Gemeinschaft; Leben unter den Altersgenossen, den sogenannten Peer groups, bestimmte Lebensarten, um nicht abwertend Moden zu sagen, u.a.m. sprechen an oder fordern je nach geistigem Standort zum Widerspruch auf. Das bedeutet nicht, dass das alles sehr problemüberladen sein sollte – der erhobene Zeigefinger erzeugt das Gegenteil. Ohne den Problemen aus dem Wege gehen zu wollen, sollte der Fantasie, dem Spiel, ja auch der Unterhaltung durchaus ein Platz eingeräumt werden. Gerade an fantastischen Elementen kann der fiktionale Charakter von Literatur sichtbar gemacht werden. Texte, in denen die Fantasie, eine überraschende eigene Logik, sei sie sachlicher oder sprachlicher Art, entwickelt wird, sind heute bei den Schülern im Allgemeinen beliebter als Texte mit belehrendem oder ermahnendem Charakter. Ebenso finden Texte, die zur Kreativität anregen, ein positives Echo. Das Drängen nach einer Lösung und Neugier, kombiniert mit Anteilnahme an menschlichen Problemen, macht Krimis und Kurzkrimis für Schüler sehr interessant.

Eine Relativierung und damit Verminderung der sprachlichen Schwierigkeiten eines einzelnen Textes kann auch durch thematische Textkombinationen erreicht werden. Dabei werden leichtere Texte vor etwas schwierigeren Texten behandelt. Die Gefahr, dass die literarischen Texte die gezielte sprachliche Erweiterung durch ein zu breit gestreutes Vokabular beeinträchtigen, kann eingedämmt werden, wenn es gelingt, Texte auszuwählen bzw. zusammenzustellen, die thematisch zueinander passen. Manche Wörter in entsprechenden Kollokationen kommen dann mehrmals vor, was zu einem schnelleren Erfassen und zur Festigung des Wortschatzes führt. Daneben ist dies auch methodisch von Interesse. Es stellt einen Anreiz und eine Übung für das kursorische Lesen dar. Da solche Texte eine jeweils verschiedene Realisierung desselben Themas bilden, bieten sie die Möglichkeit des Vergleichs, auf Grund dessen wichtige Elemente der Textgestaltung sichtbar gemacht und auch differenziert werden können. Der Vergleich gestattet eine relativ hohe Schüleraktivität beim Analysieren und erlaubt auch verschiedene Sozialformen des Unterrichts wie Gruppen- und Partnerarbeit. Er erzieht dazu vorzüglich zu einer gewissen methodischen Urteilsfähigkeit der Schüler. In sprachlicher Hinsicht ist eine solche thematische Entsprechung günstig, weil auf diese Weise ein bescheidenes Sachfeld sprachlich aufgebaut wird, das im Übrigen später mit anderen sprachlichen Sachfeldern kombiniert werden kann.

c) Den Schülern sollten bei der Lektüre literarischer Texte die texttypologischen Besonderheiten von Literatur im Vergleich zu den Charakteristika von Sachtexten bewusst werden. Wir sahen bereits die Bedeutung von fiktionalen Elementen bei literarischen Texten. Dies ist besonders dann der Fall, wenn durch die räumlich-zeitliche Strukturierung oder auch Rahmengebung deutlich wird, dass es sich nicht um eine möglichst getreue, enge Wiedergabe einer konkreten außersprachlichen Sachlage, eines wirklichen Ereignisses handelt, sondern um ein Produkt der Fiktion. Bei Sachtexten ist der Bezug auf die Fakten oft sehr präzise und detailliert. Es wird berichtet, wann, wo und wie etwas stattgefunden hat, wie es abgelaufen ist und welches unter Umständen die Auswirkungen oder die gegenwärtige Lage ist. Eine einzige Lesart der Wirklichkeit wird angeboten, während bei fiktionalen Texten mehrdeutige Interpretationen möglich sind. Dies ist besonders bei der Poesie der Fall und kann im Unterricht für die Diskussion sehr vorteilhaft ausgewertet werden. Spielerische Elemente können im gleichen Sinne kreativ und dialogfördernd genutzt werden. Die Unterscheidung zwischen den Gattungen – Prosa, Lyrik, Drama, Novelle, Fabel, Märchen etc. – braucht hier nicht erörtert zu werden. Trotz der o.a. Unterscheidungsmöglichkeit zwischen literarischem und Sachtext ist es oft auch möglich, wichtige Indizien für die Unterscheidung in der sprachlichen Gestaltung festzustellen. Man kann z.B. mit einem beliebigen Zeitungstext zeigen, dass in der Umgangssprache gewisse Automatismen auftreten, bei denen der Leser oder Hörer Leerstellen selbst füllen kann, wenn er verschiedene inferierende, leicht zu erlernende Verfahren anwendet. Dazu kommt, dass bestimmte Sachverhalte mitgeteilt werden. Man bezieht sich auf außersprachliche Dinge, muss sie also benennen. Dabei ergeben sich häufig wiederkehrende „normale“ Zusammenstellungen von Verb und Objekt, Substantiv und dazugehörigem Adjektiv u.a.m. Das wird dagegen bei einem Gedicht, in dem die poetische Funktion sehr konsequent realisiert wird, kaum mehr möglich sein. Es dürfte selbst Lesern, die mit italienischer Lyrik vertraut sind, in vielen Fällen kaum gelingen, die Lösung zu finden.

Progression – Textadaptierung

In der Fachliteratur werden, was die Stufung bei dem Einstieg in die Arbeit mit literarischen Texten anbelangt, zwei verschiedene Ansätze vertreten. Die einen, unter ihnen vor allem Daniel Coste,[2] ein französischer Fachdidaktiker, wollen bei der ersten Begegnung mit einem literarischen Text eine „Schockwirkung“ hervorrufen und den Schülern den „écart“, italienisch den „scarto“ vom Stil der Umgangssprache möglichst deutlich machen. Dementsprechend möchte er den Lernenden Texte vorlegen, die in Bezug auf Vokabular, Stilebene und Syntax nicht zu einfach sind, sondern einen gewissen Widerstand gegenüber einem allzu schnellen Verstehen leisten. Im Prinzip ist das sicher eine wirksame und interessante Methode. Auch andere Fachdidaktiker wie z.B. Werner Arnold[3] halten den Vergleich gerade für die Einführung in Methoden der Interpretation literarischer Texte – besonders bei poetischen Texten – für sehr geeignet. Auch die kontrastive Methode, die verschiedene Textsorten (bei thematischer Ähnlichkeit) miteinander vergleicht, basiert letztlich auf dem gleichen, vergleichenden Verfahren. Trotzdem ist bei der „pédagogie du choc“, wie sie von Daniel Coste in aller Schärfe vertreten wird, zu fragen, ob sie bei den fremdsprachlichen Schülern ebenso wirksam ist wie bei den muttersprachlichen. Denn es ist davon auszugehen, dass die fremdsprachlichen Schüler den „scarto“ zunächst nicht als solchen wahrnehmen, da sie von der Norm des Standarditalienischen im Vergleich mit den Abweichungen noch keine gesicherten Vorstellungen haben. Sie werden also den „scarto“ ihren noch unvollständigen Fremdsprachenkenntnissen zuschreiben und nicht den vom Autor gewollten Besonderheiten. Aus diesem Grunde ist diese Methode – auch in Anbetracht dessen, dass die Fremdsprachenkenntnisse im Italienischen noch geringer als im Französischen sind – in ihrer reinen Form sicherlich nicht zu empfehlen.

Die Mehrzahl der Fremdsprachendidaktiker tendiert jedoch zu einem kontinuierlichen Aufbau der Lektürekompetenz bei literarischen Texten. Emanuelle Wagner[4] z.B. bietet anhand von 15 Texten bzw. Textauszügen Modelle zur mündlichen und schriftlichen Bearbeitung. Die Texte sind so gewählt, dass sie als sprachliche Muster dienen können. Ihre Auswahlkriterien sind allerdings eher pädagogischer als literarischer Art. Sie wählt Textauszüge, in denen „etwas passiert", also mit starkem Akzent auf der Handlung. Sie sollten narrativen und auch dialoghaften, weniger deskriptiven Charakter haben. Die Texte gehören schließlich fast ausschließlich der Literatur der Gegenwart an; die Sprache selbst ist relativ nahe an der Standardsprache, daher kann sie problemlos für Vokabular und Ausdrucksvermögen Modelle bieten. Indem die Textauswahl die „sensibilité littéraire" weckt, ermöglicht sie den Übergang zur literarischen Betrachtung. Die sprachlichen Übungen, die sie vor und nach der Lektüre solcher Texte durchführen lässt, haben aber doch einen etwas stark schulischen, formalen Charakter, wobei der Einfluss des Strukturalismus sehr deutlich wahrzunehmen ist. Es ist durchaus problematisch, literarische Texte als Steinbruch für fremdsprachliche Übungen zu nehmen, und dadurch bis zu einem gewissen Grad die Absicht des Autors insofern zu verfälschen, als es ihm ja um ein „messaggio" an den Leser geht. Die Nähe zum Lehrbuchtext kann sich unter Umständen gegen das Staunen, gegen die Hochschätzung der Literatur, gegen das unmittelbare Erfahren auswirken. Das versucht nun Michel Benamou[5] mit seinem kontrastierenden Verfahren, bei dem er die Cloze-Technik anwendet, zu erreichen. Seine Methode zielt darauf, die drei für den literarischen Text entscheidenden Komponenten „structure/struttura", „écart/scarto" und „Konnotation" bewusst zu machen. Er erreicht damit einen relativ deutlichen Bewusstheitsgrad hinsichtlich der Besonderheiten fiktionaler Texte auch in formaler Hinsicht.

Nicht vorteilhaft scheint es mir, sich fast ausschließlich auf die texttypologische Form zu konzentrieren. Günstiger ist es, den Schülern abgeschlossene Texte mit einer thematischen Zentrierung anzubieten, wobei die Thematik aus Gründen der Motivation, wie wir zu Beginn sahen, sorgfältig überlegt werden muss. Eine solche Textzusammenstellung ist nicht nur sprachlich, sondern auch methodisch von großem Vorteil. Dabei sollten die Texte auch typische Elemente der Fiktionalität enthalten, die dann durch die kontrastierende Methode sichtbar gemacht werden können.

Zweifellos sind prinzipiell abgeschlossene Texte Textauszügen vorzuziehen. Die Behandlung literarischer Texte im Italienischunterricht hat nicht die Aufgabe – wie etwa an der Universität – einen Überblick über die gesamte italienische Literatur eben mit Hilfe möglichst vieler geeigneter Texte bzw. Textauszüge zu geben. Es handelt sich in unserem Falle vielmehr darum, die Lerner für die selbständige Lektüre der italienischen Literatur zu motivieren und ihnen erste bescheidene Einblicke in diese attraktive Literatur zu verschaffen. Bei Ganztexten kann der Gedankenführung leichter nachgegangen werden als bei punktuellen Textauszügen. Struktur und Komplexität der Handlungsstränge und thematische Facettierungen können besser verfolgt werden. „Häppchenlektüre" schränkt das Erkennen des Sinngehaltes oft ein, betont zu sehr einen einzelnen Aspekt. Bei Textauszügen muss zudem, um den Zusammenhang herzustellen und einen Einblick in das ganze Werk zu geben, oft viel erklärt werden. Damit sind nicht „abgeschlossene Texte“ gemeint, wie wir sie z.B. als kleine Kapitel aus einem Text wie *Così parlò Bellavista* von Luciano De Crescenzo kennen, wo die einzelnen Szenen für sich gelesen werden können, wie der Autor selbst zu Beginn schreibt. Es sollte nicht so sein, dass der jeweilig zu lesende Text mit anderen unbekannten Textteilen erklärt werden muss. Abgeschlossene Kurzgattungen sind daher besonders vorteilhaft: Kurzgeschichten, aber auch kurze Schauspiele, leichtere „Canzoni“, Novellen, Märchen, Kurzkrimis usw.

In diesem Zusammenhang ist die Frage nach der Lektüre von „testi facili“ von Bedeutung, zumal davon schon eine größere Anzahl bei verschiedenen Verlagen herausgekommen ist. Da viele Kollegen davon Gebrauch machen, ist ihre Verbreitung relativ groß. Die „testi facili“ enthalten je nach Stufe 500, 1.000 und mehr Wörter. Das bedeutet, sie können unter Umständen schon sehr früh eingesetzt werden. Da sie an das lexikalische Niveau der Schüler angepasst sind, ist ein zügiges Lesen des Textes möglich und damit das Lesen einer „Ganzschrift“. Die Schüler würden, so die Meinung der Befürworter der „testi facili“, bei einer detaillierten philologischen Lektüre, die den Sinngehalt eines Werkes einschränkt und die Handlungsstränge nicht primär sichtbar macht, nie das kursorische Lesen erlernen. Die „testi facili“ ermöglichten es, inhaltlich anspruchsvollere Texte zu lesen. Dadurch werde ein unmittelbarer Zugang zur Literatur möglich, so dass die Leser mit Betroffenheit, Sympathie, Freude, Ablehnung etc. darauf reagieren können. Das Gespräch über Handlung, inhaltliche Zusammenhänge, Personen, Motive, soziokulturelle Hintergründe erleichtere manchen Einblick in wichtige Teilgebiete der Literatur. Die geringere sprachliche Progression ermögliche schließlich auch eine bessere Erarbeitung der literarischen Dimension. Die Vertreter der „testi facili“ melden Bedenken gegenüber der frühen Verwendung völlig authentischer Texte an. Sie glauben, dass die sprachliche Erweiterung durch zu breit gefächertes, heterogenes Vokabular beeinträchtigt wird. Ihrer Meinung nach werde die Lesezeit durch die Vokabelprobleme sehr verlängert und gerade dadurch der zu vermeidende Literaturschock hervorgerufen. Durch viele unbekannte Wörter und dadurch erforderliches dauerndes Nachschlagen in Wörterbüchern werde der Handlungszusammenhang aus den Augen verloren. Es entstehe eine psychologische Blockade: Die erwünschte Interaktion zwischen Leser und Text komme nicht zustande. Es sei für Schüler unmöglich, Kenntnis von Texten hohen literarischen Ranges zu erhalten, da sie sowohl sprachlich wie inhaltlich zu schwer und häufig auch zu lang seien. Für ein schnelles kursorisches Lesen fehlten hingegen meistens die methodischen Voraussetzungen. Die Schüler würden also auf Grund von Vokabeldefiziten in ihrer Schulzeit zentrale literarische Werke nicht kennen lernen, sondern nur leichtere bis mittelschwere literarische Texte lesen, die im jeweiligen Land doch nur als etwas Sekundäres angesehen werden.

Die Befürworter der Lektüre authentischer (Ganz-)Schriften führen dagegen eine Reihe von entgegengesetzten Argumenten an. Gerade die Einheit von Inhalt und Form sei für die Literatur ausschlaggebend. Das Erlernen und Beurteilen stilistischer Elemente (wie Metapher, Symbol, Pars pro toto, Oxymoron etc.) komme bei den vereinfachten Texten zu kurz. Ähnliches treffe auch für das Erlernen von Gattungs- und Formmerkmalen zu, die sich ja auch in bestimmten sprachlichen Formen niederschlagen. Man könne auch nicht auf die stilistischen und zeittypischen Eigenheiten der jeweiligen Autoren verzichten. Es genüge nicht, den äußeren Handlungsgang zu erfassen, sondern man solle auch literarische Traditionen, die sich gerade in der Sprache manifestieren und die auf Besonderheiten der Geschichte und des Landes hindeuten, kennen lernen. Bei unveränderten authentischen Texten gebe es eben keine Einbuße an feinen Beschreibungen von Situationen, seelischen Zuständen, Charakterisierungen, Geschehnissen und Hintergründen. Nur so könne ein Lesen erreicht werden, das auch Einzelheiten berücksichtige.

Vertreter der Lektüre authentischer Ganztexte haben die Kürzungspraxis untersucht und dabei bemerkt, daß Originaltexte oft nicht nur sprachlich vereinfacht, sondern bisweilen auch enorm gekürzt werden. So hat Helmut Oerke[6] festgestellt, dass in den von ihm untersuchten Texten bei 25% der Prosaausgaben mehr als 1/3 des Originaltextes fehlte. Die Ausdrucksstärke des Textes erleidet oft sehr große Einbußen und wird bisweilen sogar verfälscht, so dass die Texte sich nicht mehr dazu eignen, die vielfältigen ästhetischen Eigenschaften von Literatur bewusst zu machen, wie Franz-Joseph Weller schreibt.[7] Er nennt sie „triviale Schwundformen". Die Änderungen, die vorgenommen werden, sind vielfältiger Art: Was den Wortschatz anbelangt, so verwischt das Ersetzen von „literarischen Vokabeln" die Grenze zwischen literarischem Text und Gebrauchstext. Die Diskrepanz zwischen Literatursprache und „lingua parlata di alto livello" kann den Schülern nicht mehr so deutlich gemacht werden. Zudem reduziert das Ersetzen schwieriger Wörter durch Lehrbuchvokabeln die Progression im Wortschatz und die Bereicherung der Ausdrucksfähigkeit der Schüler. Textkürzungen können auch ästhetische Mängel hervorrufen. So kann ein durch literarische Sprache geprägter Text erhebliche Einbußen an stilistischen Elementen erleiden. Metaphern, Bilder, Symbole, die den Sinn eines Textes illustrieren, verdeutlichen, seine Schönheit ausmachen, fallen weg. Die Verminderung der Länge wird durch den Verlust an Substanz teuer erkauft. Landschaftsbeschreibungen, (pseudo-)historische Daten, Ereignisse, zeitlicher Rahmen usw. haben direkt und oft indirekt mit der Handlung, dem Sinn zu tun. Fehlen sie, so ist das mehr als ein räumlicher Verlust. Auch gattungsspezifische Merkmale können so verloren gehen. Unter Umständen entstehen Einbußen bei der detaillierten Darstellung von Charakteren, die für den Fortgang und das Verständnis des Textes zwar vielleicht nicht wesentlich sind, aber doch Handlungen der fiktionalen Personen einsichtiger machen, besser motivieren. Bei besonders langen Texten (z.B. Romanen, langen Novellen) kommt es nicht nur zur völligen Zerstörung der Textstruktur, sondern auch zu einem verfälschten Bild des Textes, da einerseits die Kürzungen vertuscht werden, andererseits die fehlenden Textteile durch Zusammenfassungen, die jedoch nicht als solche gekennzeichnet sind, ersetzt werden. Schließlich können durch Textvereinfachungen sogar grammatische Mängel hervorgerufen werden. Wenn man z.B. hypotaktische Konstruktionen durch parataktische ersetzt, wird in den Stil des Autors eingegriffen. Ähnliches ist der Fall, wenn an die Stelle eleganter Formen wie des Gerundiums *modi indefiniti* treten oder der Konjunktiv ersetzt wird. So unterscheidet sich z.B. im Falle von Ignazio Silones Roman *Vino e pane* das Ende in beiden Fassungen erheblich: Die erste endet mit dem Tod von Cristina, die von Wölfen getötet wird, als sie Pietro Spina in den Bergen mit Nahrungsmitteln versorgen will, die andere endet bereits mit der Flucht von Pietro. *Marcovaldo* von Italo Calvino umfasst in der Schülerfassung nur zwei, nicht fünf Jahre wie im Original. Bei Boccaccios „Andreuccio da Perugia" fehlt in der „adaptierten" Fassung die Angabe der Rahmenhandlung völlig. Andere Kürzungen bringen inhaltliche Einbußen mit sich, sie verfälschen Geschehnisse und Charakterisierungen oder lassen sie zumindest verblassen. Bisweilen werden ableitbare Wörter durch andere ersetzt, dadurch wird eine Chance vertan, inferierendes (d.h. bedeutungserschließendes) Lesen zu üben. Dies trifft ebenso für die grammatikalische Komponente zu, wenn eine akzeptable Progression in grammatischen und syntaktischen Strukturen beeinträchtigt wird, indem nur einfache Formen erscheinen. Manche Kürzungen bzw. Änderungen lassen Anspielungen auf Historie, authentische Namen, Begriffe, Situationen fallen. Insgesamt sind also bei den vereinfachten Texten deutliche Einbußen in vielerlei Hinsicht festzustellen.

Um dieses Dilemma lösen zu können, scheint es günstig, zwischen Italienisch als 2. oder 3. Fremdsprache einerseits und AG und 4. Fremdsprache andererseits zu differenzieren. In den beiden ersten Fällen können erfahrungsgemäß Verfahren des inferierenden und kursorischen Lesens entwickelt werden, die gestatten, auch größere Textmengen im Original zu bewältigen. In einer AG will der Unterrichtende vielleicht noch etwas von der Schönheit und dem Reichtum der faszinierenden italienischen Literatur zeigen, um den Schülern ein bisschen Appetit auf mehr zu machen, selbst wenn er dies mit Hilfe einer „lettura facile" oder gar (teilweise zumindest) einer Übersetzung zu erreichen versucht. Er wird sich in diesem Falle mit vereinfachten und gekürzten Texten begnügen. Es ist z.B. möglich, dass Schüler mit dem niedrigeren Leistungsniveau einer AG in dem „testo facile" einer Boccaccio-Novelle etwas von der psychologischen Raffinesse, der rocambolesken

Ereignisfolge und der humorvoll-ironischen Haltung des Autors mitbekommen, Geschmack an einer solchen Literatur gewinnen und sie u.U. später in der Übersetzung lesen wie auch manches andere Werk der italienischen Literatur. Bei der Entscheidung für oder gegen die „testi facili“ sollte man das sprachliche Niveau, die sprachlichen Fertigkeiten der Lerngruppe und die Ziele bedenken, die man mit ihr erreichen will. In anderen Sprachen – für die mehr Stunden zur Verfügung stehen – wird die Ablehnung der „testi facili“ eindeutiger sein, im Fach Italienisch dagegen wird man durchaus sinnvolle Ausnahmen machen können.

Einführung in das kursorische Lesen

Eine der wichtigsten Fertigkeiten, die im und für den Literaturunterricht erworben werden sollten, ist das kursorische Lesen. Die Beherrschung gerade dieser Fertigkeit ist entscheidend dafür, ob die Lernenden später nochmals zu einem Buch greifen. Sie müssen im Unterricht die Erfahrung gemacht haben, dies schaffen zu können. Nur ein solches Erfolgserlebnis in der Schule, vielleicht mit einem Lesegenuss verbunden, gibt ihnen später den Mut, z.B. als Ferienlektüre zu einem fremdsprachlichen Buch zu greifen oder einen Erfolgsautor im Original zu lesen. Und doch ist gerade diese Fertigkeit bis in die jüngste Vergangenheit sehr vernachlässigt worden. Mehrere Gründe sind dafür verantwortlich:

1. Lehrer wie Schüler scheuen zunächst vor den Schwierigkeiten eines langen literarischen Textes zurück. Entdeckt man die hohe Schwierigkeitsstufe zu spät, sitzt man sozusagen „in der Falle“, aus der man nur mit Mühe wieder herausfindet.
2. Historisch dominiert im methodischen Bereich das Verfahren, das sich mit exemplarischen Textauszügen oder extrem kurzen Texten wie Gedichten befasst und ein starres erlernbares Schema zur Textanalyse anbietet. Es wurde im Französischen von G. Lanson entwickelt, von vielen verfeinert und als „explication du texte“ in vielen Anthologien angewandt.
3. Die einseitige Ausrichtung auf Textauszüge ist auch ein Relikt der altsprachlichen Fächer, die oft weitgehend kurze Texte intensiv interpretieren.
4. Im Studium hat die „detaillierte Analyse“ von kurzen Texten ebenfalls den Vorzug gegenüber der Besprechung, die die Lektüre eines ganzen Buches voraussetzt.
5. Das kursorische („nicht gründliche“) Lesen ist negativer konnotiert als das intensive Lesen.

Wie kann nun das kursorische Lesen vorbereitet und durchgeführt werden? Die Lektüre des Langtextes sollte nicht durch häufiges kleinschrittiges Nachschlagen in einem Wörterbuch unterbrochen werden, da infolge des so genannten Gedächtnisspurensystems die Aufmerksamkeit dann mehr auf das Detail als auf die Aussage, das Ganze gerichtet ist. Zudem bremst häufiges Nachschlagen den Lesevorgang und demotiviert. Es gilt also, alle Techniken und Voraussetzungen zu beachten, mit deren Hilfe dem Leser ein möglichst schneller und optimaler Zugang zum Text ermöglicht wird. Mit anderen Worten: Der Schüler sollte bei seiner Lektüre möglichst unmittelbar verstehen. Der Lesevorgang sollte, so weit es geht, automatisiert werden, damit der Leser sich so intensiv wie möglich auf die Mitteilungen des Autors und die Aussage des Textes konzentrieren kann. Zu den Techniken des so genannten inferierenden Lesens gehört es, von dem bereits erworbenen Wortschatz auf die Bedeutung neu vorkommender Wörter zu schließen. Der potentielle Wortschatz, der den „realen" um ein Vielfaches übertrifft, hat für die rezeptiven Fertigkeiten wie das Lesen eine weit höhere Bedeutung als für die aktiven Fertigkeiten.

Bereits in einem frühen Lernstadium sollten die Schüler die Wörter nicht als eine abgeschlossene Einheit für sich lernen, sondern als durchsichtige, oft erschließbare Gebilde. Dazu gehört, dass sie die Bedeutung der wichtigsten Präfixe und Suffixe kennen, mit zusammengesetzten Wörtern umgehen können, sich wichtige Wortfamilien einprägen, vorsichtig aus internationalen Parallelen auf die vorliegende eigentlich noch unbekannte Bedeutung schließen können, wobei natürlich die vorher erlernten Fremdsprachen eine sehr große Rolle spielen, also besonders Latein, Englisch und Französisch – Vorsicht bei Interferenzen! – und auch vom Kontext aus ein noch unbekanntes Wort erschließen können. Diese Techniken des inferierenden Lesens sind unabdingbare Voraussetzungen des kursorischen Lesens. Vielfältige Übungen dazu – Einsetz-, Ergänzungs- und Suchübungen u.a. – kann man bereits in der Lehrbuchphase machen, um die Lektüre von Literatur mit nicht zu vielen Übungen zu befrachten. Die frühe Arbeit mit dem einsprachigen Wörterbuch gehört ebenso dazu. Langsames und lautes Lesen hält von der eigentlichen Aufnahme des Textinhaltes ab. Es lenkt die Aufmerksamkeit vor allem auf die Aussprache und regt die Mitschüler an, die Richtigkeit des akustisch wahrnehmbaren Lesens zu kontrollieren. Gleichzeitig wird eine einheitliche, zu langsame Lesegeschwindigkeit vorgegeben und kein individuelles Lesetempo gestattet. Wird wie im Anfangsunterricht, wo es bei einem noch ungesicherten Phonie-Graphie-Verhältnis sinnvoll ist, wegen einer noch ungesicherten Aussprache dennoch laut gelesen, sollte sich danach mindestens noch eine konzentrierte Stillarbeitsphase anschließen, in der sich die Schüler individuell mit dem Text befassen und ihn zu verstehen versuchen. Bei dem stillen Lesen wird bis zu einem gewissen Grad die normale Lesegeschwindigkeit eingehalten, wie sie letztlich in etwa auch beim muttersprachlichen Lesen vorhanden ist. Die Lesegeschwindigkeit kann bekanntlich durch verschiedene Faktoren, darunter auch physische, gesteigert werden: Um den Sehwinkel zu vergrößern und so die visuelle

Fixation zu vermindern, die ja bremsen würde, sollte ein größerer Abstand zum Text eingehalten werden. So ist ein großräumiges Erfassen einer größeren Textmenge möglich. Eine Kopfbewegung würde ebenso wie eine unregelmäßige Bewegung der Augen zur genannten Fixation beitragen. Eine Vokalisation ist zu vermeiden, eine eventuelle Subvokalisation möglichst gering zu halten. Schlüsselwörter, Schlüsselsätze und Schlüsselbilder tragen zu einem schnellen Textverständnis bei. Die Fertigkeit des schnellen Lesens – auch einmal einen Wettbewerb machen! – kann durch Leitfragen – nicht zu viele auf einmal – gefördert werden. Die Schüler sollten dabei auch lernen, Wesentliches von Unwesentlichem zu unterscheiden: Bei der Übung werden sie aufgefordert, Hauptgedanken zu entnehmen, Überschriften zu geben für Sinnabschnitte sowie kurze Texte zu erfassen.

Auch die Art des Textes spielt für die Erarbeitung des kursorischen Lesens eine Rolle. Er sollte zum einen thematisch das Interesse der Schüler wecken, zum anderen so gestaltet sein, dass sich zu Beginn eine ungelöste Spannung, ein Problem, eine Schwierigkeit befinden, wie sie ihnen z.B. im Kriminalroman begegnen. Sie vermögen Interesse, Vorstellungsvermögen und den Drang, die Lösung zu erfahren, anregen. Motivierend sind ebenfalls Humor oder eine leicht kritische Satire. Oft vermögen auch Texte, in denen Schüler wichtige Aspekte ihrer eigenen Existenz erkennen und in denen wichtige Lebensfragen behandelt werden, die Aufmerksamkeit zu fesseln. Die Texte sollten altersgemäß sein, wobei die Tendenz der Schüler, über Fragen der menschlichen Existenz, Mitmenschlichkeit und des Sozialen nachzudenken, während der Pubertät rasch zunimmt. Das Gleiche trifft auch für die Abstraktionsfähigkeit und ihre Fähigkeit, komplexere Sachverhalte zu durchschauen, zu.

Sehr wichtig ist der Einstieg in die Lektüre des Textes. Gerade der Beginn stellt für die Schüler oft eine besondere Hürde dar. Das Verständnis des Kontextes ist noch aufzubauen, dieser kann also unter Umständen noch nicht in dem Maße für Rückschlüsse auf unbekanntes Vokabular zur Verfügung stehen, wie das später möglich ist. Auch an Stil und Wortwahl des Autors sind die Schüler noch nicht gewöhnt. Dazu kommt eine gewisse landeskundliche Unsicherheit. In diesen Fällen kann man den Erwartungshorizont bestimmen lassen, der sich mit einer bestimmten Thematik oder dem jeweiligen Titel verbindet, oder den landeskundlichen, geografischen (im weitesten Sinne des Wortes) oder bildlichen Rahmen verbalisieren lassen und dabei die dort verwendeten Spezialausdrücke semantisieren. Eine wie auch immer geartete Vorentlastung ist zu Beginn einer Lektüre oft vorteilhaft. Von Anfang an sollte ein schnelles Lesetempo eingehalten werden. Das Einlesen geschieht in der Schule. Phasen des stillen Lesens wechseln sich ab mit der Besprechung der Inhalte und evtl. technischer Probleme. Damit verbunden ist auch, dass von Anfang an Analysemethoden berücksichtigt werden, die mehr auf größere Texteinheiten zielen als auf kleine Auszüge.

Gefragt sind jetzt Äußerung persönlicher Reaktionen, Erfassen und Angabe von Inhalts- und Sinnschwerpunkten, Tendenzen und Leitmotiven etc., also eine Berücksichtigung von großräumigeren textlichen Einheiten. Es ist darauf zu achten, dass die Schüler sich nicht in Details verlieren. Die größere Selb-ständigkeit hinsichtlich des Lesens gestattet auch eine umfangreichere häusliche Lektüre, die dann im Unterricht diskutiert und vertieft wird.

Es sollte freilich nicht immer kursorisch gelesen werden. An Scharnierstellen, wichtigen Wendepunkten der Handlung, bedeutungsvollen Stellen kann durchaus auch einmal eine Detailanalyse vorgenommen werden. Weniger wichtige Abschnitte können von Schülern zusammengefasst werden. Auf diese Weise wird die kursorische Lektüre in einen variablen Lektürerhythmus funktional einbezogen.

Auch bei der Lektüre selbst sollte das kursorische Lesen immer wieder durch entsprechende Hinweise gefördert und gestützt werden. So wird z.B. durch Berücksichtigung des Kontextes die Fähigkeit zu kombinieren und auf Redundanzen zu achten, gefördert. Im Text beigefügte Spezifizierungen oder gar Erklärungen helfen Zusammenhänge schneller zu erfassen. Aber auch eventuelle Fehlerquellen, Interferenzmöglichkeiten sollen nicht verschwiegen werden. Im Gegenteil: Die Schüler sollten prinzipiell darauf vorbereitet sein. Dazu kommt, dass die Bedeutungsvielfalt mancher scheinbar bekannter Wörter Missverständnisse erzeugen kann. Methodisch ist das Anschließen des Neuen an Vorwissen und Vorverständnis sehr nützlich. Wird der Erwartungshorizont beschrieben, so trägt dies dazu bei, das zu Lernende schneller und besser zu verstehen. Später kann man dazu den eigenen Entwurf mit der vom Autor gewählten Entwicklung vergleichen. Besonderheiten, Absichten der Darstellungsweise des Autors werden deutlicher, eigene Erwartungen und Deutungsschemata werden modifiziert. Titel und Anfang sind dafür besonders geeignet, aber auch während der Lektüre ist dies ein vorzügliches Mittel der Leseoptimierung.

Zur Entwicklung der Metasprache

Behandelt man eine *Canzone* im Unterricht, so wird man schnell feststellen, dass sie i.a. nicht das Vokabular enthält, mit dem sie besprochen, interpretiert werden kann. Man findet in ihr keine Ausdrücke wie z.B. *comporre versi*, *rimare*, *la strofa*, *l'interpunzione* usw. Ähnliches gilt auch für andere Textgattungen wie z.B. Lyrik oder Märchen. Um sie zu besprechen, benötigt man einerseits ein gewisses technisches Spezialvokabular aus den Bereichen Metrik, Linguistik, Rhetorik, Literaturtheorie, Dramentheorie usw., andererseits benötigt man zunehmend Vokabular aus den psychologischen, soziologischen und anderen sprachlichen Varietäten. Textanalyse und Interpretation erfolgen in besonderem Maße auf der sprachlichen Basis der genannten Gebiete. Man nennt diese Beschreibungs- oder Besprechungssprache *Meta-*

sprache, die damit im Gegensatz zur Objektsprache steht. Nun handelt es sich nicht um eine völlig neue Sprache, die ein geschlossenes System bildet. Dennoch stellt sie mehr dar als lediglich eine Ansammlung von einigen Fachtermini. Diese Substantive stehen in Syntagmen, in entsprechenden Kollokationen, die wiederum im Allgemeinen einem bestimmten Sprachregister entsprechen, das überwiegend der geschriebenen, leicht angehobenen Standardsprache zuzurechnen ist. Sie enthält z.B. mehr Hypotaxe, eine größere Vielfalt an Modi usw. Da die Aufmerksamkeit in den Lehrwerken mehr auf die grammatischen Aspekte und z.T. auch auf den Inhalt gerichtet ist, weniger auf die Gestaltung der Texte, sind die Schüler an diesen Sprachausschnitt nicht gewöhnt. Auch dies gehört zum „Literaturschock", wie ihn Harald Weinrich beschreibt.[8] Zum gemeinsamen Sprechen über literarische Texte, zur Kommunikation unter den Lesern über die Texte ist das Beherrschen der jeweiligen Metasprache bzw. deren (stufenweiser) Erwerb Voraussetzung. Sechs Verfahren bieten sich hier in besonderer Weise an:

1. Im gelenkten Unterrichtsgespräch hält der Unterrichtende an geeigneten Stellen inne. Das von den Schülern zum Ausdruck ihrer Beobachtungen benötigte Sprachmaterial wird ihnen dann mit Hilfe eines entsprechenden Mediums (Tafel, Folie u.a.) zur Verfügung gestellt. Es wird in geeigneten Kollokationen präsentiert, syntagmatisch erweitert und, um die Ausdrucksfähigkeit zu variieren und flexibler zu gestalten, mit Synonymen, Nuancierungen, bisweilen auch Antonymen erarbeitet. Auf Übersichtlichkeit und thematische Konzentrierung sollte geachtet werden. Dieses Verfahren ist bei der Textbesprechung sehr leicht anzuwenden, da die Schüler ja versuchen, die Problemstellungen, die Aussage und in unserem Falle besonders die Textgestaltung wiederzugeben. Es ist dabei davon auszugehen, dass ihre sprachlichen Möglichkeiten dafür oft nicht ausreichen. Um den Schülern bei ihren Formulierungen zu helfen, bringt der Unterrichtende dann das gesuchte Wort in einigen typischen Kollokationen ein und ermöglicht so die Kommunikation der Schüler über den behandelten Text. Bei dieser Arbeit ist neben den Kollokationen und den Syntagmen auf eine gewisse thematische Konzentrierung zu achten. Eine Spracharbeit, die lediglich auf einzelne heterogene Stimuli antwortet, erzielt bei weitem nicht die gleiche Effektivität wie eine nach Rede- bzw. Schreibabsichten systematisierte Arbeit. Da die Schüler aufgrund der thematischen Zentrierung gleichzeitig Variationen sprachlicher Formulierungen kennen lernen, können sie sich später vielseitiger, anpassungsfähiger und flexibler ausdrücken. Zwei Beispiele mögen dies veranschaulichen:

Il senso	apparisce emerge si mostra si delinea	in...
mostrare rendere evidente testimoniare (di) accusare di rimproverare biasimare criticare	l'ipocrisia l'ambizione la vanità l'orgoglio la presunzione la vanteria la millanteria la stupidità la follia la menzogna l'inganno	

Ein solches syntagmatisches Vokabular kann auch für im Laufe der Lektüre behandelte Textsorten erstellt werden. So können z.B. Charakteristika einer *Komödie* mit Hilfe von Teilgebieten erarbeitet werden wie 1. Das Geschehen, 2. Die Mittel: a) Situationskomik, b) Charakterkomik, Typenkomik, c) Sprachkomik, 3. Perspektiven (Hörer/Leser – handelnde Personen) und verschiedener Wissensstand (Hörer – handelnde Personen), 4. Personenbeschreibungen, 5. Ziele der Komödie. Es ist dafür Sorge zu tragen, dass nicht zu viele Teilgebiete auf einmal angeboten werden. Andererseits kann durch Systematisierung im Laufe der unterrichtlichen Behandlung einer solchen Textsorte doch eine gewisse variable Ausdrucksfähigkeit erreicht werden. Daneben fördert die sprachliche Arbeit auch die Analyse selbst, indem sie immer wieder Anregungen beim Finden von Antworten oder beim selbständigen Betrachten der Gestaltung gibt.

2. Ein relativ probates Mittel, das nicht sehr bekannt ist, besteht in der Benutzung von Kritiken, Besprechungen, Berichten, historischen oder soziologischen Texten u.ä. Auf diese Weise kann man das gesuchte Vokabular direkt aus der Vorlage entnehmen, wo es in authentischen Kollokationen steht. Es wird dort von Schülern gesammelt und mit entsprechenden Wort- und Sachfeldern in Beziehung gebracht. Dieses Besprechungsvokabular wird gelernt und möglichst bald produktiv, handlungsorientiert angewendet. Unter Umständen kann man hier versuchen, die Schüler zunächst selbst probieren zu lassen und dann das Muster vorzulegen. Auf diese Weise wird dessen Besonderheit wahrgenommen und der Lerneffekt dürfte noch größer sein.

3. Es gibt auch literarische Texte, die bestimmte sprachliche Schwerpunkte enthalten, z.B. bei der Beschreibung der einzelnen Personen oder ihrer

Beziehungen zueinander. Dabei werden Gefühle differenziert oder Charaktereigentümlichkeiten benannt, Meinungen eingehender beschrieben. Solche Schwerpunkte werden dann zum Aufbau eines syntagmatisch angeordneten Sachfeldes bzw. Wortfeldes ausgenutzt. Diese können mit Hilfe eines Wörterbuches ergänzt werden. Besonders geeignet sind in dieser Hinsicht literarische Texte mit stärker reflektierendem Charakter wie z.B. Luigi Pirandellos Stück *Sei personaggi in cerca d'autore*.

4. Ein ebenfalls geeignetes Mittel zum Entwickeln der Metasprache ist eine Bildbeschreibung. Bei der Bildbeschreibung treffen zwei Ausdrucksformen – Visuelles und Verbales – zusammen. Man kann dies in mehrfacher Hinsicht nutzen, indem man anhand von Gestik, Mimik, Farbwerten, aber auch aufgrund des sichtbaren Kontextes die Stimmung oder den Charakter beschreiben lässt. Eine Person kann „timido", „vergognoso", „angosciato", „preoccupato" „indulgente", „impetuoso", „irascibile", „testardo", „meschino" usw. sein. Ähnliches gilt auch für den Verbbereich. So kann z.B. „parlare con tono secco, gentile, cortese" usw. jeweils ins Bild gesetzt, vom Betrachter erkannt und dann verbalisiert werden. Dasselbe trifft für die Beziehungen zwischen verschiedenen Personen zu. Nicht zu unterschätzen ist, dass auch bei der Beschreibung der Struktur eines Bildes Metasprache entwickelt werden kann. Auch eine Bildgeschichte lässt sich nacherzählen unter Verwendung von Adverbien wie „allora", „adesso", „poi", „quindi", „finalmente". Natürlich kann in diesen Fällen dem interpretierten Gegenstand selbst kein Sprachmaterial entnommen werden. Didaktisch-methodisch sehr ergiebig ist schließlich der Vergleich zwischen einem Bild (Gemälde, Zeichnung, Foto) und einem themengleichen literarischen Text. Hier sollte der Unterrichtende aber in der Lage sein, mit seinen Fremdsprachenkenntnissen den Formulierungswünschen seiner Schüler zu entsprechen.

5. Im Anschluss an die Lektüre von kurzen literarischen Formen oder einzelnen Texten, deren Interpretation man einer längeren Ganzlektüre vorschaltet, kann man posttextuelle Übungen machen, die zwar nicht so nahtlos in den Unterricht integriert werden können wie die vorher genannten, sich aber als recht nützlich erweisen und als solche auch von den Lernenden angenommen werden. So kann man z.B. Wortfamilien von im Text vorkommenden Wörtern oder solchen, die bei der Textbesprechung und/oder bei der Beschreibung der Textsorte eine Rolle spielen, in kontextuell sinnvoll konzipierte Sätze einsetzen und dann die bei der Textbesprechung gefundenen Elemente zu einem überschaubaren und stimmigen Ganzen zusammenbringen und vervollständigen lassen. Ein solcher Text kann vom Unterrichtenden entworfen oder, was noch mehr Schüleraktivität verlangt, in Gemeinschaftsarbeit entwickelt werden.

6. Schließlich gibt es noch die Möglichkeit, das jeweils thematisch orientierte metasprachliche Vokabular gezielt vorzugeben. Da die Vorgabe relevanten Vokabulars keine geistige Eigentätigkeit der Schüler voraussetzt, also keine induktive Tätigkeit verlangt, wird das Material weniger gut behalten als bei den Verfahren, an denen die Schüler selbst aktiv beteiligt sind. Damit die Vorgaben nicht allzu direkt sind, kann man Distraktoren oder auch Antonyme einbauen. Es ist günstiger, ein Vokabular anzubieten, das abwägende Entscheidungen hinsichtlich der richtigen Anwendung von den Schülern verlangt.

Neben diesen im Einzelnen beschriebenen Verfahrensweisen lassen sich noch weitere Variationen anwenden und auch mit anderen Sozialformen des Unterrichts wie Gruppenarbeit oder auch Verstärkung der Individualarbeit (Hausaufgaben) verbinden. Günstig ist es, gerade an kurzen literarischen Texten die Metasprache zu erarbeiten, da die Lektüre hier nicht (zu oft) unterbrochen werden muss. Auch ein Vorarbeiten mit Hilfe anderer Textsorten kann sich anbieten. So können literarische Mittel an Werbetexten sichtbar gemacht und verbalisiert werden. Dies gilt für die psychagogischen Mittel wie das Verhältnis von Sender zu Empfänger, also auch für die Textrezeption. Das oft beschriebene Kommunikationsmodell kann hierbei sehr gute Dienste leisten.

Nicht alle Möglichkeiten und Gesichtspunkte konnten hier aufgezeigt werden. Einige Aspekte wie Anregungen zu einem kreativen Literaturunterricht werden in den folgenden Beiträgen vertieft oder auch ergänzt. Dennoch wird es dem Unterrichtenden durch seine große Freude an diesem faszinierenden Gebiet und durch sein persönliches Engagement gelingen, Interesse für die motivierende und großartige italienische Literatur bei den Schülern zu wecken und auch wachzuhalten.

Anmerkungen

1 Vgl. David Ausubel, *Das Jugendalter. Fakten, Probleme, Theorie*. München [2]1976. Bovet/Huwendiek (Hrsg.), *Leitfaden Schulpraxis*, Berlin 1974. Rolf Oerter/Leo Montada, *Entwicklungspsychologie*, Weinheim 1995.

2 Vgl. Daniel Coste, „Remarques sur les conditions linguistiques et méthodologiques de l'appréciation littéraire", in *Le Français dans le Monde* 65, Juni 1969, S. 79-83.

3 Vgl. Werner Arnold, *Fachdidaktik Französisch*, Stuttgart o.J.

4 Vgl. Emanuelle Wagner, *De la langue parlée à la langue littéraire*, Paris 1965.

5 Vgl. Michel Benamou, *Pour une nouvelle pédagogie du texte littéraire*, Paris 1971.

6 Vgl. Helmut Oerke, „Die Kürzungspraxis in den deutschen Schulausgaben französischer Prosa", in: *Praxis des neusprachlichen Unterrichts*, 1966, 3.

7 Vgl. Franz-Joseph Weller, „Lektüre-Neuerscheinungen für den französischen Literaturunterricht", in: *Die Neueren Sprachen* 91: 3 (1992) S. 254-283, insbes. S. 265 ff.

8 Vgl. Harald Weinrich, „Darf man Schulausgaben kürzen?", in: *Praxis des neusprachlichen Unterrichts*, 1966, 3.

CHIARA GERINI

Prime esperienze con testi letterari nell'insegnamento dell'italiano

Per alunni abituati all'apprendimento di una lingua viva – una lingua fatta, sì, di grammatica e di sintassi, ma la cui applicabilità ed utilità pratiche sono sempre immediatamente verificabili, al più tardi al momento della prima vacanza in Italia – l'accostarsi alle sue manifestazioni letterarie è sempre improntato ad una certa diffidenza. Mentre l'apprendimento della lingua può essere considerato – da chi veda lo studio più come un mezzo che come un fine in sé – un „male necessario", quello della letteratura potrebbe essere vissuto con insofferenza, e le oggettive difficoltà linguistiche che vi si incontrano potrebbero avere un effetto demotivante, provocando in studenti solo moderatamente interessati, appunto, un cosiddetto „Literaturschock". Perché mai dedicare tanto tempo, impegno e fatica a qualcosa di così lontano da noi, privo di rilevanza per la nostra vita di oggi, qualcosa di ormai irrimediabilmente „morto e imbalsamato" (come avrebbe potuto ironicamente esprimersi Luigi Malerba)?

Ma proprio perché la letteratura è tutt'altro che lontana da noi o priva di rilevanza per la nostra vita di oggi, proprio perché la letteratura è viva e non „morta e imbalsamata", è necessario trovare un modo per introdurre i giovani allo studio dei testi letterari stimolandone la curiosità e l'interesse senza che essi quasi se ne accorgano; portandoli, quasi conducendoli per mano a scoprire un mondo affascinante che saranno appunto loro a svelare, e che non gli apparirà così come imposto dall'alto.

Sono queste le considerazioni che mi hanno sempre indotta a preferire un „approccio obliquo", „schräg", il giungere cioè a parlare di letteratura partendo da testi d'uso pratico, della lingua di tutti i giorni, tratti magari da quotidiani o da riviste: del tutto „innocui" a prima vista, si rivelano spesso ottimi veicoli d'introduzione alla letteratura, perché vere miniere di allusioni ed echi letterari.

Un articolo in cui queste caratteristiche sono particolarmente evidenti è quello, siglato „V.D'A.", apparso sul *Corriere della Sera* con il titolo „Il galateo del cellulare" (v. Appendice I). L'inarrestabile diffusione in Italia del „telefono cellulare" o „telefonino" – il famigerato „Handy" – ha consigliato di cercare di regolamentarne l'uso in base al buon senso ed alle buone maniere. L'argomento è di grande attualità non soltanto in Italia, ma anche in Austria e certamente in Germania; anche a nord delle Alpi e tra i giovani e giovanissimi, i cellulari stanno smodatamente proliferando e non ci si salva più dal loro squillío spesso inopportuno e talvolta persino pericoloso.

La Telecom Italia ha dunque pubblicato un opuscolo, intitolato „Il parlator cortese – il telefonino e la sottile virtù della discrezione", che con garbo ed umorismo suggerisce come far uso corretto del cellulare, nel rispetto per gli altri.

L'articolo del *Corriere della Sera*, che riferisce appunto su tale iniziativa della Telecom, è di lettura estremamente piacevole e divertente, descrivendo situazioni certamente non nuove alla maggior parte degli studenti; nello stesso tempo, però, può schiudere loro la porta che conduce al mondo della letteratura.

Ciò è particolarmente evidente con l'apertura del secondo paragrafo: „C'era il Galateo di monsignor Giovanni Della Casa che suggeriva il *bon ton* al perfetto uomo di corte". Vero è che questa affermazione è inesatta, e che si adatterebbe piuttosto a *Il Cortegiano* di Baldassar Castiglione; Giovanni Della Casa (1503-1556) aveva invece „consapevolezza dei limiti dell'uomo ordinario, nel quale albergano più lacune che 'arredi virtuosi', e prendeva atto che „l'uomo è pieno di difetti irrimediabili e che l'unico modo per non farsi del male è nuocere agli altri il meno possibile", come si esprime Carlo Ossola nella sua prefazione al *Galateo* riproposto nei Tascabili Bompiani. Ciò non toglie che a questo punto l'insegnante potrebbe agevolmente indirizzare la lezione sul tema del Galateo, spiegando brevemente di che cosa si trattasse e quale fosse il significato originario del titolo, divenuto ormai termine d'uso corrente per indicare un manuale di buone maniere, ma scelto a suo tempo in omaggio a Galeazzo (o, latinamente, Galateo) Florimonte, vescovo di Sessa, dal quale il Della Casa era stato animato a scrivere il suo trattato. Il testo di monsignor Della Casa costituisce una lettura vivace e gradevole, ma tutt'altro che semplice; sarà quindi indicato fornirne alcuni brevi estratti corredati di note (v. Appendice II) che ne facilitino la comprensione e che permettano di constatare come dei consigli impartiti intorno al 1550 siano ancora oggi validissimi e quanto mai opportuni.

Una seconda allusione letteraria è costituita dallo stesso titolo dell'opuscolo trattato: „Il parlator cortese" è espressione per il suo stesso ritmo destinata a fissarsi con grande facilità nella memoria di chi la legge, tanto più se questi sarà in grado di ricollegarla con l'altra della quale potremmo servirci per introdurre nella lezione la figura e l'opera di Giovanni Pascoli (S. Mauro Pascoli, già di Romagna, 1855 – Bologna 1912).

„Il parlator cortese" è infatti espressione evidentemente ricalcata su „Il Passator cortese". Stefano Pelloni (1824-1851), detto „il Passatore" perché era stato traghettatore ed aveva trasportato i viandanti da una riva all'altra del fiume Lamone, fu un famigerato brigante romagnolo che intorno alla metà del XIX secolo approfittò della debolezza del governo pontificio per le sue imprese di bandito da strada. La sua irruzione nel teatro di Forlimpopoli, il 15 gennaio 1851, nella quale fu coinvolta anche la famiglia di Pellegrino Artusi, è rimasta leggendaria. Per qualche suo atto di generosità, la fantasia popolare lo trasformò in una specie di Robin Hood, e per questo Giovanni Pascoli, nella sua poesia „Romagna", lo definisce „cortese".

La leggenda del Passator cortese è stata alimentata anche dal cinema: nel 1946, ad esempio, fu Rossano Brazzi a prestargli il suo volto in un film diretto da Duilio Coletti; non c'è da meravigliarsi, dunque, se il suo ricordo è vivo ancora oggi, tant'è vero che pochi anni fa la sua immagine fu scelta come simbolo per il marchio del Sangiovese di Romagna DOC.

Il testo pascoliano è di media difficoltà; a seconda dunque del livello della classe si potrà scegliere di farne una lettura integrale, oppure di estrapolarne soltanto le tre o quattro quartine più rilevanti ai fini del nostro articolo (v. Appendice III).

Proseguendo nella lettura del testo tratto dal *Corriere della Sera*, dopo una colorita serie di consigli sull'uso discreto del cellulare, troviamo la frase: „Chi vuol essere educato lo sia". Ed è qui che la mente del lettore corre immediatamente alla forma originale della frase, „Chi vuol esser lieto, sia", tratta dal ritornello ricorrente nel „Trionfo di Bacco e d'Arianna", il più celebre dei canti carnascialeschi di Lorenzo de' Medici, detto il Magnifico (1448-1492). Si offre qui dunque la possibilità di introdurre l'affascinante personalità di Lorenzo, abile uomo politico ma anche punto di riferimento di tutto il moto culturale ed artistico della Firenze della sua epoca, e poeta sia colto che popolare. Anche questo testo non è né troppo lungo né di eccessiva difficoltà; se tuttavia il livello dei discenti non ne consentisse il trattamento integrale, basterà presentare l'incipit della ballata (v. Appendice IV) per fornirne un'idea sufficientemente adeguata, avendo cura di ricordare che i versi dovevano essere cantati davanti al Carro mascherato (o „trionfo", appunto, come si diceva all'epoca) di Bacco ed Arianna con il loro corteggio.

L'opuscolo edito dalla Telecom Italia, argomento dell'articolo uscito sul *Corriere della Sera*, è purtroppo di non facile reperimento; ed è un vero peccato, in quanto si tratta di una vera miniera di testi interessanti e spiritosi, a partire dalla Prefazione di Luca Goldoni, passando per il testo vero e proprio, dovuto alla penna di Paolo Stefanato, per giungere alla Postfazione di Alberto Abruzzese. Per non parlare delle divertenti illustrazioni firmate „Passepartout". Già quella di copertina, ripresa anche dal *Corriere della Sera*, rappresenta un gentiluomo imparruccato con indosso un abito la cui accuratezza storica non reggerebbe neppure alla più benevola verifica, che tiene ben in mostra nella mano sinistra un modernissimo telefonino. L'effetto anacronistico è irresistibile.

Volendo approfondire l'argomento sul versante linguistico odierno, potrebbero essere letti ed analizzati in classe questi testi di Goldoni, Stefanato ed Abruzzese, gustosi ed estremamente attuali; volendo dare invece la preferenza all'aspetto storico-letterario, l'insegnante potrebbe assegnare dei lavori di gruppo ad alcuni studenti, di modo che ciascun gruppo informi il resto della classe di quello che ha scoperto a proposito di ciascuno dei tre autori, Della Casa, Pascoli e Lorenzo de' Medici, e delle loro opere. Compito dell'insegnante sarebbe in questo caso di coordinare e se necessario integrare i vari contributi.

Avendo la possibilità di inserire nella lezione qualche rimando interdisciplinare, parlando di Lorenzo de' Medici si offrirebbe l'opportunità di fare riferimento all' *Ariadne auf Naxos* di Richard Strauss; e, se il tempo disponibile lo permettesse, si potrebbe cercare di dare maggior significato alla frase di apertura dell'articolo, „Evitate le sceneggiate cellulari", accennando a quel fenomeno della cultura popolare che va appunto sotto il nome di „sceneggiata napoletana", magari presentandone un esempio classico, la canzone „Zappatore" (v. Appendice V).

Questa canzone racchiude, in sole tre strofe, tutta una vicenda a forti tinte ed altamente drammatica, a base di grandi passioni elementari: amor paterno, abnegazione, ambizione, rimorso, in un „cocktail" tipico della mentalità meridionale, spesso rappresentato in forma scenica ed addirittura trasferito sullo schermo cinematografico ancora nel 1980. Così ne parla il critico Beniamino Placido:

> „Che cos'è la sceneggiata napoletana? È uno spettacolo di religiosità popolare (sissignore: religiosità, guai a chi ci dà torto) in cui vengono messi a confronto – sulla scena – i sentimenti semplici e nobili (la mamma, il buon pane di casa, la casa, il vicinato) contro le ambizioni corrotte, artefatte di questo brutto mondo. E vincerà il cuore, come sempre."

Con l'ascolto della canzone, ad esempio nell'ottima interpretazione di Massimo Ranieri, si potrebbe gradevolmente chiudere l'argomento.

Un'ultima osservazione: la lingua di tutti i giorni, quella dei giornali, delle riviste e della televisione, si arricchisce continuamente attingendo alla letteratura: è vero che spesso anche per il lettore di madrelingua si tratta di echi indistinti e non sempre facilmente identificabili, ma è certo che essi non mancano mai di „ring a bell" nella mente dei lettori, così che il contenuto degli articoli si fissa assai più facilmente nella loro memoria.

Il continuo flusso, e talvolta anche riflusso, tra letteratura e lingua attuale, contribuirà certamente ad abbattere le barriere di timore reverenziale nei confronti dei testi letterari, impedendo l'insorgere di un „Literaturschock" e stimolando invece la curiosità degli alunni a conoscere più da vicino autori anche tanto lontani da noi – perché lontani da noi lo sono, sì, ma soltanto nel tempo: in spirito sono ben spesso nostri contemporanei.

Trovo inoltre importante fare in modo chc la lezione non risulti, per i ragazzi, prevedibile passo dopo passo: presentando loro, invece, numerosi risvolti a sorpresa, aumenteranno le probabilità di riuscire a tenerne desti l'interesse e l'attenzione.

Appendice I

„Il galateo del cellulare", *Corriere della Sera*, 29.9.1994

Iniziativa Telecom: il *bon ton* nell'opuscolo sul „parlator cortese"

Il galateo del cellulare

Mai a teatro o al cinema, l'ostentazione è segno di volgarità

Evitate le sceneggiate cellulari. In strada non vi abbandonate a urli del tipo: „Maria! Sto per arrivare, prepara la tavola": la gente che passeggia vi guarda e riderebbe di gusto. E gli squilli al cinema, nel bel mezzo di una spy story? Provocherebbero l'ira degli spettatori che certo non hanno pagato il biglietto per ascoltare conversazioni private. Moderazione, ci vuole moderazione. Nel tono della voce, nei gesti. E non brandite l'aggeggio come se fosse un'arma: è meglio non mostrarlo. Lo sfoggio è roba da parvenu, non pensate che un telefonino possa rappresentare ancora uno status symbol. Accadeva, una volta. Ma è come se fosse passato un secolo da quando apparvero gli antenati dei portatili.

C'era il Galateo di monsignor Giovanni Della Casa che suggeriva il bon ton al perfetto uomo di corte. Alle soglie del Duemila le buone maniere hanno a che fare con l'uso del cellulare. C'è il decalogo „Il parlator cortese – Il telefonino e la sottile virtù della discrezione", un'iniziativa Telecom, erede della Sip. Premessa: Non prendetevela col telefonino se si rivela invadente. Non è colpa sua, ma di chi non lo sa usare. Regola prima. Rispettate le precedenze. No, non è una questione di traffico, ma del solito telefonino. È perlomeno ineducato dilungarsi in un colloquio con una persona che sta all'altro capo del filo mentre ne avete un'altra accanto. Riflettete sull'imbarazzo che un dialogo a distanza troppo prolungato provocherebbe nel vostro vicino: farebbe finta di non ascoltare, poserebbe lo sguardo chissà dove, forse vivrebbe interminabili minuti di sofferenza.

Se si chiama, è bene scusarsi sempre. Con chi è presente e con chi è destinatario della telefonata. Sarà una pura formalità, può perfino risultare un modo di fare lezioso, tuttavia è segno di buona educazione. Telecom fissa norme rigide al riguardo: „La prima domanda da fare è sempre: 'Ti disturbo?' oppure 'Posso parlarti, preferisci che ti richiami?'. Solo dopo la risposta – e se questa non sarà troppo esitante – potremo avviare la conversazione."

Il proprietario di un telefonino è facilmente esposto ad atteggiamenti che rasentano la volgarità. Non è solo un problema di ostentazione. Il „Parlator cortese" esamina ad esempio casi clamorosi di mancanza di stile. Al ristorante è *tassativo* non appoggiare il telefonino sulla tovaglia" come se fosse un pezzo di pane (gesto antigienico oltre che poco educato)". Al teatro e al cinema è obbligatorio staccarlo. In chiesa,pure: uno squillo durante la benedizione sarebbe sacrilego. E in vacanza va difesa la tranquillità del prossimo. No ai trilli che durante una passeggiata in montagna disturbano la quiete della natura. No ai salotti telefonici sotto l'ombrellone. Chi vuol essere educato lo sia. Ovvio che la delicatezza è doverosa anche per chi il telefonino non lo possiede. Il numero va chiesto con discrezione e tantomeno è corretto dare i numeri altrui.

„Dopo l'epoca dell'ostentazione spettacolare, ecco la civiltà dell'ascolto" scrive Alberto Abruzzese. Luca Goldoni cura la prefazione e profetizza: „Questo strumento, venerato e ostentato dai post-yuppies, detestato da chi non ce l'ha, deriso nelle rubriche di *bon ton*, demonizzato dai sociologi, verrà finalmente metabolizzato come la biro, l'orologio da polso, il telecomando per il garage, il ciondolo elettronico per l'antifurto della macchina. Cioè strumenti che si usano e tutto finisce lì." E il cellulare non sarà più un Totem. (V.D'A.)

Appendice II

Giovanni Della Casa, *Galateo ovvero de' costumi* (ed. a cura di Carlo Cordié, Milano: Arnoldo Mondadori Editore 1993)

Trattato nel quale, sotto la persona d'un vecchio idiota[1] ammaestrante un suo giovanetto, si ragiona de' modi che si debbono o tenere o schifare[2] nella comune conversazione, cognominato[3] Galateo ovvero de'costumi.

[...]

Perché non si dee[4] dire né fare cosa per la quale altri dia segno di poco amare o di poco apprezzar coloro co' quali si dimora[5]. [...]

Sono ancora di quelli che così si dimenano e scontorconsi[6] e prostendonsi[7] e sbadigliano, rivolgendosi ora in su l'un lato e ora in su l'altro che pare che li pigli la febbre in quell'ora: segno evidente che quella brigata con cui sono rincresce loro. Male fanno similmente coloro che, ad ora ad ora, si traggono una lettera della scarsella[8] e la leggono. Peggio ancora fa chi, tratte fuori le forbicine, si dà a tagliarsi le unghie, quasi che egli abbia quella brigata pernulla[9] e però si procacci d'altro sollazzo per trapassare[10] il tempo. [...]

[XI.] Nel favellare[11] si pecca in molti e varii modi, e primieramente nella materia che si propone; la quale non vuole essere frivola né vile, perciocché[12] gli uditori non vi badano e perciò non ne hanno diletto anzi scherniscono i ragionamenti ed il ragionatore insieme. Non si dee anco[13] pigliar tema molto sottile né troppo isquisito, perciocché con fatica s'intende dai più. Vuolsi[14] diligentemente guardare di far la proposta[15] tale che niuno[16] della brigata ne arrossisca o ne riceva onta[17]. Né di alcuna bruttura si dee favellare, comeché[18] piacevole cosa paresse ad udire: perciocché alle oneste persone non istà bene studiar[19] di piacere altrui se non nelle oneste cose. Né contra Dio né contra' santi, né daddovero[20] né motteggiando, si dee mai dire alcuna cosa, quantunque oer altro fosse leggiadra o piacevole. [...]

Né a festa né a tavola si raccontino istorie maninconose[21], né di piaghe né di malattie né di morti o di pestilenzie né di altra dolorosa materia si faccia menzione o ricordo. [...]

Il proferire il tuo consiglio non richiesto niuna altra cosa è che un dire di esser più savio di colui cui tu consigli; anzi un rimproverargli il suo poco sapere e la sua ignoranza. Per la qual cosa non si dee ciò fare con ogni conoscente, ma solo con gli amici più stretti: [...] chi va proferendo e seminando il suo consiglio mostra di portar openione[22] che il senno a lui avanzi e ad altri manchi.

Vocabolario:

1 ignorante
2 evitare
3 chiamato
4 deve
5 ci si trova
6 si contorcono
7 si stendono
8 dalla tasca
9 consideri quella compagnia come da niente
10 passare
11 conversare
12 perché
13 anche
14 si vuole = si deve
15 proporre un argomento
16 nessuno
17 ne sia offeso
18 anche se
19 cercare
20 davvero, sul serio
21 malinconiche
22 ritenere

Appendice III

Giovanni Pascoli, „Romagna“
(da: G. Pascoli, *Poesie,* a cura di Luigi Pietrobono, Milano: Mondadori)

Un desiderio, rimasto inappagato, gli tien sempre viva nella mente la terra de' suoi ricordi, così che la rivede in ogni suo particolare. [...]
Ma il pensiero del giorno che con tutta la famiglia fu costretto a migrare dal paese natale viene a turbargli la bella visione; l'incanto cade, ed egli più mesto che mai risaluta la patria che non rivedrà più.

a Severino

Sempre un villaggio, sempre una campagna
mi ride al cuore (o piange), Severino:
il paese ove, andando, ci accompagna
l'azzurra vision di San Marino:

sempre mi torna al cuore il mio paese
cui regnarono Guidi e Malatesta,
cui tenne pure il Passator cortese,
re della strada, re della foresta.
[...]

Ma da quel nido, rondini tardive,
tutti tutti migrammo un giorno nero;
io, la mia patria or è dove si vive;
gli altri son poco lungi; in cimitero.
[...]
Romagna solatìa, dolce paese,
cui regnarono Guidi e Malatesta,
cui tenne pure il Passator cortese,
re della strada, re della foresta.

Appendice IV

Lorenzo de' Medici, „Trionfo di Bacco e d'Arianna“

(Dai *Canti carnascialeschi*)

Quant'è bella giovinezza,
Che si fugge tuttavia!
Chi vuol esser lieto, sia:
Di doman non c'è certezza.
Quest'è Bacco e Arianna,
Belli, e l'un dell'altro ardenti;
Perché 'l tempo fugge, e 'nganna,
Sempre insieme stan contenti:
Queste Ninfe, e altre genti
Sono allegre tuttavia:
Chi vuol esser lieto, sia:
Di doman non c'è certezza.
[...]
Ciascun apra ben gli orecchi,
Di doman nessun si paschi;
Oggi siam giovani, e vecchi,
Lieti ognun, femmine e maschi:
Ogni tristo pensier caschi;
Facciam festa tuttavia:
Chi vuol esser lieto, sia:
Di doman non c'è certezza.
Donne, e giovanetti amanti,
Viva Bacco, e viva Amore;
Ciascun suoni, balli, e canti,
Arda di dolcezza il core;
Non fatica, non dolore
Quel c'ha esser, convien sia.
Chi vuol esser lieto, sia:
Di doman non c'è certezza.
Quant'è bella giovinezza
Che si fugge tuttavia!

tuttavia = senza sosta
ardenti = innamorati
si paschi = si nutra, viva
caschi = cada
c'ha esser = che deve succedere

Appendice V

Albano-Bovio, „Zappatore"

Felicissima sera
a tutte 'sti signure 'ncruvattate
e a chesta cummitiva accussì allera
d'uommene scicche e femmene pittate...
Chesta è 'na festa 'e ballo...
Tutte cu 'e fracchesciasse, 'sti signure...
E i', ca so' sciso 'a copp' o sciaraballo,
senza cercà 'o premesso, abballo i' pure.

Chi so'?
Che ve ne 'mporta?
Aggio araputo 'a porta
e so' trasuto ccà...
Musica, musicante!
Fatevi mordo onore...
Stasera miezo a st'uommene aligante
abballa un contadino zappatore.

No, signore avucato,
sentite a me, nun ve mettite scuorno,
i' pe' ve fa' signore aggio zappato
e sto' zappanno ancora notte e ghiuorno.
E so' duie anne, duie,
ca nun scrive nu rigo a' casa mia;
si 'ossignuria se mette scuorno 'e nuie,
pur'io me metto scuorno 'e 'ossignuria.

Chi so'?
Dillo a 'sta ggente
ca i' songo nu parente
ca nun 'o può caccià...
Musica, musicante,
ca è bella l'alleria...
I' mo ve cerco scusa a tutte quante
si abballo e chiagno dint' 'a casa mia!

Mamma toia se ne more...
O ssaie ca mamma toia more e te chiamma?
Meglio si te 'mparave zappatore,
ca 'o zappatore nun s' 'a scorda 'a mamma!
Te chiamma ancora „gioia"
e, arravugliata dint' 'o scialle niro,
dice: „Mo torna, core 'e mamma soia,
se vene a piglia l'ultimo suspiro".

Chi so'?
Vuie me guardate?
So' 'o pate... I' songo 'o pate,
e nun me po' caccià...
So' nu faticatore,
e magno pane e pane...
Si zappo a terra, chesto te fa onore...
Addenocchiate. E vàseme 'sti mmane.

IOLANDA DA FORNO

Literatur in der Sprachaufbauphase

Erste Kontakte mit fiktionalen Texten

Vorbemerkungen

Nach und nach setzt sich auch das Italienische als dritte (oder gar als vierte) Fremdsprache an weiterführenden Schulen durch. Dennoch nimmt an Universitäten der größte Teil der Italianistikstudenten das Studium ohne Vorkenntnisse auf. Infolgedessen sind das erste und sogar das zweite Semester besonders dem Erlernen der Fremdsprache gewidmet, so dass im Vergleich zu anderen Philologien wissenschaftliche Inhalte im Hintergrund bleiben müssen. Hinzu kommt, dass Studierende erst relativ spät an literarische Texte herangeführt werden, obwohl gerade in der Philologie der Umgang mit Literatur ein Muss ist, stellt er doch einen Schwerpunkt in der Ausbildung der Studierenden dar.

Nicht viel anders verhält es sich an weiterführenden Schulen: Hier wird Italienisch in der Regel erst ab der Oberstufe angeboten. Im Vergleich zu Englisch oder Französisch ist im Unterricht der Raum, der für die Arbeit mit Literatur verbleibt, nicht gerade großzügig bemessen. Außerdem kann man beobachten, „[...] dass das Sprachprofil, das am Ende der Sprachaufbauphase erreicht wird, nicht unbedingt als günstige Ausgangsbasis für die Lektüre literarischer Texte genommen werden kann".[1]

Trotz der angedeuteten Problematik sollte man nicht außer Acht lassen, dass Schüler und Studenten aus dem Deutsch- oder Englischunterricht den Umgang mit literarischen Texten gewöhnt sind und – hoffentlich – über entsprechende Lesestrategien verfügen, die ihnen helfen, einen Text zu dekodieren.

In der Fülle der Publikationen zum Thema Literatureinsatz im Fremdsprachenunterricht finden sich vorwiegend Arbeiten aus den Bereichen Deutsch als Fremdsprache und Englisch; erst allmählich entdeckt auch das Italienische dieses Thema für sich. Insgesamt widmet sich der größte Teil dieser Beiträge in erster Linie der fremdsprachlichen Literaturdidaktik in fortgeschrittenen Lernergruppen. Selten sind hingegen Ansätze, die sich mit der Frage befassen, ob und wie man fiktionale Texte früher einsetzen könnte.[2] Die folgenden Überlegungen gehen dahin, fiktionalen Texten im Fremdsprachenunterricht eine andere Funktion als bisher zu geben und sie als Lehrmaterial in der Sprachaufbauphase zu verwenden.

Vertreter des kommunikativen Ansatzes werden nun dagegenhalten, dass die literarische Sprache nicht die sprachlichen Modelle biete, die den

Bedürfnissen eines Sprachenlerners entsprechen. Und Vertreter der Literaturwissenschaft werden eine Profanisierung der Literatur befürchten, indem man Texte für die bloße Vermittlung von Grammatik und/oder Wortschatz plündert und degradiert.[3]

Sicher sind literarische Texte in erster Linie Träger literarischer Welten; gleichzeitig sind sie, wie jeder andere Text auch, Träger sprachlicher Strukturen und als solche durchaus zur Sprachvermittlung einsetzbar. Es gibt literarische Texte, die sich aufgrund ihrer Lexik und Grammatik für den Sprachaufbau geradezu anbieten und Lehrbuchtexte ersetzen könnten.

Kommt man auf die anfangs erwähnte Problematik zurück, so ist die Beschäftigung mit dieser Frage vor allem in den so genannten kleinen Sprachen nicht unerheblich. Die Konfrontation mit fiktionalen Texten in einer relativ frühen Phase würde eine gewisse Vertrautheit schaffen und den Zugang zur Literatur im fortgeschrittenen Italienischunterricht erleichtern.

Authentische Texte statt Lehrbuchtexten?

Neben dem Erlernen sprachlicher Grundkenntnisse werden im Fremdsprachenunterricht als Lernziele u. a. auch das Training von Fertigkeiten und die Entwicklung entsprechender Strategien genannt; in diesem Fall steht das Leseverstehen im Vordergrund. Verschiedentlich wurde bemerkt, dass konstruierte Lehrbuchtexte durch ihre Künstlichkeit nicht in der Lage sind, das Interesse der Schüler bzw. Studenten zu wecken und gerade in Bezug auf die Entwicklung der Lesefähigkeit eher motivationshemmend wirken.[4] Vorgaben, wie z. B. die Einhaltung einer bestimmten lexikalischen und grammatischen Progression, führen dazu, dass Lehrbuchtexte eher künstlich und nicht unbedingt anregend sind. Hinzu kommt die Forderung seitens des kommunikativen Ansatzes, Texte müssten kommunikativ und situationsgebunden sein, was wiederum zur Folge hat, dass Dialoge konstruiert werden, die zwar den Erwartungen an einen allgemein als angemessen empfundenen Input entsprechen, aber paradoxerweise gegen kommunikative Prinzipien und Erfahrungen der Schüler und Studenten verstoßen. Deutlich wird dies, wenn man bedenkt, dass zwischen Sender und Empfänger eines jeden – geschriebenen oder gesprochenen – Textes ein Kooperationsvertrag besteht, der neben anderen Faktoren die Verstehensstrategien des Hörers/Lesers bestimmt.

Vom Empfänger wird z. B. erwartet, dass er beim Verstehen sein Weltwissen einsetzt. Dazu gehören u. a. Schemata oder Frames: Wissensstrukturen über Textaufbau oder Handlungsabläufe, die in unserem Gedächtnis verankert sind und Verstehensprozesse und Erwartungshaltungen beim Hören/Lesen mit beeinflussen. Das Aktivieren von Schemata erlaubt dem Empfänger einer mündlichen oder schriftlichen Mitteilung, entsprechende

Inferenzen vorzunehmen. Es handelt sich dabei um einen Prozess, der uns in die Lage versetzt, „[...] die Abfolge der zu erwartenden Handlungen zu erschließen. Selbst wenn die Sprecheräußerung bestimmte Handlungsabläufe nicht enthält, kann sie der Hörer mit Hilfe des aufgerufenen Schemas rekonstruieren. [...] Damit leistet das Inferieren einen wesentlichen Beitrag zur Ökonomie menschlicher Kommunikation.“[5]

Komplementär dazu nimmt der Sender seinerseits Implikationen vor. Darunter versteht man den „[...] Teil der Bedeutung einer Äußerung, der nicht explizit in der Äußerung enthalten ist, aber aus der Äußerung abgeleitet werden kann.“[6] Vom Sender wird also erwartet, dass er Relevantes äußert und in seinen Mitteilungen so kurz wie möglich und doch so ausführlich wie nötig ist.

Es ist nachgewiesen, dass didaktische Texte aufgrund ihrer Textstruktur häufig gegen diese kommunikativen Grundprinzipien verstoßen, da sie dem Leser nicht die Möglichkeit geben, sein Weltwissen anzuwenden und damit die im Text enthaltenen Handlungsabläufe zu erschließen. Außerdem enthalten sie Informationen, die nicht relevant oder mitteilenswert sind und den Leser in seiner Erwartungshaltung enttäuschen. Da allgemeine Verstehensstrategien nicht greifen, sinkt das Interesse an der Beschäftigung mit dem Text, die Motivation verringert sich,[8] und damit ist auch die Offenheit und Durchlässigkeit nicht gegeben, die für die weitere Textarbeit und die Aufnahme entsprechender Inhalte notwendig wäre.

Man kann dem u. a. entgegenhalten, dass ein Text, der in der Sprachaufbauphase Strukturen vermitteln will, diese auch enthalten sollte. Aber vielleicht kann man Texte heranziehen, die diese Voraussetzung erfüllen und gleichzeitig kommunikativen Grundprinzipien Rechnung tragen. „Alle authentischen Texte, seien es nun literarische oder Gebrauchstexte, weisen diese kommunikativen Grundprinzipien auf [...].“[9]

Eine Lösung könnte darin bestehen, authentische Texte relativ früh einzusetzen, um Lerner mit der Sprache zu konfrontieren, die auch die des Ziellandes ist, um Lesestrategien effektiv zu trainieren und die Lesemotivation zu erhalten. Solche Texte können durchaus literarische Texte sein, zumal sie in ihrer sprachlichen Erschließbarkeit gegenüber journalistischen Texten einige Vorteile haben. Die journalistische Sprache ist teilweise recht komplex: Kurzlebige Neologismen, Nominal- oder Passivkonstruktionen sind Elemente, die sich erschwerend auf die Textarbeit im Fremdsprachenunterricht auswirken können und nicht unbedingt den Zugang zu einem Text erleichtern. Im Gegensatz dazu können literarische Texte gerade durch erzählende Elemente sprachlich und inhaltlich viel eingehender sein.

Dennoch ist häufig der Einwand zu hören, dass authentische und besonders literarische Texte zu schwierig seien, um sie für den Sprachaufbau verwenden zu können. An dieser Stelle sei daran erinnert, wie Verstehensprozesse ablaufen: Unter den zahlreichen Komponenten, die Verstehen ermöglichen, gibt es eine Art der Informationsverarbeitung, die neu eingehende Daten aufnimmt, eine sog. *bottom-up-* oder *aufsteigende* Verarbeitung, und sie ins Kurzzeitgedächtnis speichert. Gleichzeitig findet eine *top-down-* oder *absteigende* Verarbeitung statt. D. h., man greift auf Informationen „aus eigenem Besitz“[10] zurück, mit denen man beim Lesen neu eingehende Daten überprüft, mit bereits vorhandenen verknüpft und so Hypothesen aufstellen oder Voraussagen über den Verlauf des Textes treffen kann. Verstehensprozesse in der Muttersprache weisen i. d. R. eine Ausgewogenheit zwischen aufsteigender und absteigender Verarbeitung auf.[11] Da aber beim Lesen in der Fremdsprache nicht alle eingehenden Daten bekannt sind, ist die „[...] Aktivierung des eigenen Wissensspeichers im höheren Maße erforderlich.“[12] Das Vermitteln von Lesestrategien heißt, gerade Studenten anzuleiten, *top-down*-Prozesse durchzuführen. Mit ‘mundgerechten’ Lehrbuchtexten ist ihnen nicht gedient. Und hier könnte der Einsatz von literarischen Texten zum Tragen kommen; auch Literatur kann man dosieren: Es muss ja nicht unbedingt Dante oder Gadda sein.

Die Arbeit am Text

Die folgenden Überlegungen stehen vor dem Hintergrund der Diskussion über schüleraktivierende Methoden und gelten sowohl für Schüler als auch für Italianistikstudenten. Anhand eines Textes von Italo Calvino[13] soll gezeigt werden, dass fiktionale Texte durchaus zum Sprachaufbau herangezogen werden können. Die Erarbeitung des Textes erfolgt durch gezielte Wortschatzarbeit und Grammatikvermittlung. Den Studenten sollte allerdings von Anfang an bewusst sein, dass ihre Aufgabe nicht darin besteht, den Text bis ins kleinste Detail zu erschließen.[14]

„Stai per cominciare a leggere il nuovo romanzo *Se una notte d'inverno un viaggiatore* di Italo Calvino. Rilassati. Raccogliti. Allontana da te ogni altro pensiero. /.../ La porta è meglio chiuderla; di là c'è sempre la televisione accesa. Dillo subito agli altri: ‘No, non voglio vedere la televisione!’ Alza la voce, se non ti sentono: ‘Sto leggendo! Non voglio essere disturbato!’ [...]
Prendi la posizione più comoda: seduto, sdraiato, raggomitolato, coricato. Coricato sulla schiena, su un fianco, sulla pancia. In poltrona, sul divano, sulla sedia a dondolo, sulla sedia a sdraio, sul pouf. Sull'amaca, se hai un'amaca. Sul letto, naturalmente, o dentro il letto. Puoi anche metterti a testa in giù, in posizione di yoga. Col libro capovolto, si capisce.

Certo, la posizione ideale per leggere non si riesce a trovarla. Una volta si leggeva in piedi, di fronte a un leggio. Si era abituati a stare fermi in piedi. Ci si riposava così quando si era stanchi d'andare a cavallo. A cavallo nessuno ha mai pensato di leggere. [...] Coi piedi nelle staffe si dovrebbe stare molto comodi per leggere; tenere i piedi sollevati è la prima condizione per godere della lettura.
Bene, che cosa aspetti? Distendi le gambe, allunga pure i piedi su un cuscino, su due cuscini, sui braccioli del divano, sul tavolino da tè, sulla scrivania, sul pianoforte. Togliti le scarpe, prima. Se vuoi tenere i piedi sollevati, se no, rimettile. Adesso non restare lì con le scarpe in una mano e il libro nell'altra.
Regola la luce in modo che non ti stanchi la vista. Fallo adesso, perché appena sarai sprofondato nella lettura non ci sarà più verso di smuoverti. [...] Cerca di prevedere ora tutto ciò che può evitarti d'interrompere la lettura. Le sigarette a portata di mano, se fumi, il portacenere. Che c'è ancora? Devi fare pipì? Bene, saprai tu."

1. Phase: Lesen[15]

Der Text wird still gelesen, evtl. mit Zeitbegrenzung, da das schnelle Lesen den Leser zwingt, den Prozentsatz der absteigenden Verarbeitung zu vergrößern.[16] Je nach Reaktion der Lerngruppe kann er ein zweites Mal still gelesen werden. Danach tauschen die Studenten in Paaren ihre Hypothesen aus, d. h. alle Informationen, die sie glauben, dem Text entnommen zu haben.

Ein erneutes stilles Lesen dient dazu, ihre Hypothesen zu verifizieren bzw. zu falsifizieren. Es kann ein erneuter Informationsaustausch stattfinden, bei dem jeder sein Wissen weitergibt, es bestätigt findet oder nicht und evtl. weitere Informationen erhält. Der Austausch kann auch in Dreier- oder Vierergruppen durchgeführt werden. Wichtig dabei ist, dass jeder Informationsaustausch nach Möglichkeit mit anderen Partnern stattfindet, denn jeder Partner hat den Text anders wahrgenommen und kann auf diese Weise neue Aspekte einbringen.

2. Phase: Wortschatzarbeit

Da der Text eine gewisse lexikalische Dichte aufweist, geht es in diesem Schritt um die Erschließung nicht bekannter lexikalischer Elemente. Dabei soll das Bestimmen von Wortfeldern das Verständnis erleichtern: Bei einem erneuten Lesen haben die Studenten die Aufgabe, alle Wörter zu unterstreichen bzw. herauszuschreiben, von denen sie glauben, dass sie Möbelstücke bezeichnen. In kleinen Gruppen werden wieder die Ergebnisse verglichen. Divergenzen können, falls erwünscht, im Plenum besprochen werden.

Falls erforderlich, kann sich eine weitere Lektüre anschließen, in der Körperteile und Körperhaltungen gefunden werden sollen. Dies hängt von dem Niveau der Lernergruppe ab. Die Gruppe wird feststellen, dass sie bei jedem Lesen den Text besser durchdringt. Allerdings ermüdet zu häufiges Lesen die Studenten, wenn sie das Gefühl haben, dass kein Informationszuwachs mehr stattfindet. Daher sollte der Text nur so häufig wie nötig gelesen werden.

3. Phase: Grammatik

In dieser Phase geht es um induktive Grammatik. Die Studenten sollen alle im Text vorkommenden Formen des Imperativs unterstreichen. Da die Morphologie noch unbekannt ist, können die Studenten zum einen die Formen markieren, die ihnen neu bzw. merkwürdig vorkommen, zum anderen können sie von der ihnen bekannten Funktion des Imperativs ausgehen. Dies wird spätestens dann ohnehin stattfinden, wenn die gefundenen Formen mit denen anderer Studenten verglichen werden.

Die Systematisierung der Formen kann in drei Schritten erfolgen:

1) Systematisierung des einfachen Imperativs der Verben auf -are und -ere,
2) Systematisierung des Imperativs mit Pronomen,
3) Identifizierung des verneinten Imperativs.

Wiederum ist Raten und Kombinieren gefragt, doch sei daran erinnert, dass dies auf der Basis eines zu aktivierenden Vorwissens über Sprache stattfindet, d.h. auch hier werden *top-down*-Prozesse aktiviert. Bei dieser Arbeit ist das richtige Zuordnen der Formen nur ein sekundäres Lernziel. Im Vordergrund steht vielmehr der Prozess des Erkennens und Systematisierens selbst. Im Übrigen ist allgemein bekannt, dass Selbsterarbeitetes leichter und verlässlicher im Langzeitgedächtnis verankert wird.

Die beschriebene Arbeit am Text hat exemplarischen Charakter. Sicherlich gibt es literarische Texte, die sich beispielsweise zur Erschließung von Zeitformen (z. B. *passato prossimo*, *imperfetto* oder *passato remoto*) anbieten oder an denen man den Übergang von direkter zu indirekter Rede und umgekehrt erarbeiten kann.

Ein solches Vorgehen mag nun auf den ersten Blick zeitaufwendig erscheinen, ohne dass konkret übernehmbare sprachliche Modelle vermittelt werden. Andererseits stellt sich aber die Frage, inwieweit sprachliche Modelle, die mit viel Mühe eingeführt werden, von Lernern auch verwendet werden oder ob es nicht mindestens ebenso wichtig ist, auf einer übergeordneten Stufe zu arbeiten und Strategien zu vermitteln, die die Lernenden dann selbständig transferieren können. Sicher ist, dass diese Formen des entdeckenden Lernens, werden sie systematisch angewandt, nicht unerheblich zur Förderung von Sprachbewusstheit beitragen. Und schließlich leistet ein eher prozessorientierter und hermeneutisch ausgerichteter Fremdsprachenunterricht einen nicht unbedeutenden Beitrag zur Entwicklung der Lernerautonomie.[17]

Das Unterrichtsgespräch

Nun kann man – je nachdem, welcher Schwerpunkt für den weiteren Unterrichtsverlauf vorgesehen ist – die Wortfeldarbeit vertiefen oder sich auf grammatische Aspekte konzentrieren. Da hier aber die Behandlung literarischer Texte im Vordergrund steht, soll an dieser Stelle nicht weiter auf Wortschatz und Grammatik,[18] sondern kurz auf die Möglichkeiten eines Unterrichtsgesprächs eingegangen werden.

Wünschenswert wäre es, wenn das Gespräch zum einen auf die literarischen Besonderheiten dieses Textes aufmerksam machte und zum anderen an Interessen und Erfahrungen der Lernenden anknüpfte.

1. Es bietet sich an, dass die Schüler oder Studenten über eigene Lesegewohnheiten berichten. Sollte man eine Filterphase für angebracht erachten, so kann diese Übung auch als *pre-reading-activity* durchgeführt werden. Wichtiger jedoch als die Einführung neuer lexikalischer Elemente wäre dabei, Vorwissen zu aktivieren oder Leseerwartungen zu wecken.

2. In einem zweiten Schritt könnten beispielsweise Hypothesen formuliert werden, woher der vorgelegte Text stammt.

3. Ist einmal geklärt, dass es sich um einen Romananfang handelt, so berichten die Studenten, welche Romananfänge sie kennen. Sie könnten weiterhin überlegen, wie konventionelle Romananfänge aussehen und was das Besondere an diesem Text ist. Vielleicht wird auffallen, dass der Autor zu Beginn des Romans einen Dialog mit dem Leser sucht. Die Leseranrede ist nichts Ungewöhnliches, man ist aber gewöhnt, sie eher im Vorwort zu finden.[19] „Was also üblicherweise dem Roman und seiner Fiktion vorgeschaltet ist, das spielt hier bereits in seinem eröffnenden Kapitel."[20] Weiterhin ist bemerkenswert, dass der Leser im ersten Kapitel das erfährt, was er ohnehin schon weiß, nämlich, dass er anfängt, einen Roman zu lesen.[21]

4. Abschließend werden Hypothesen geäußert werden, wie der Roman wohl weitergehen könnte. Zu Recht kann man nun einwenden, dass, ist einmal die Grundproblematik eines Textes verstanden, Ermüdungserscheinungen in einer Lernergruppe auftreten.[22] Dies ist hier jedoch nicht zu befürchten: Man braucht nur die Anfänge einiger Kapitel an verschiedene Studenten zu ver-

teilen (oder sie zu Hause erarbeiten lassen), so dass die Lernergruppe einen unterschiedlichen Informationsstand hat. Das wird sehr bald die Neugierde der Schüler und Studenten auf den ganzen Roman wecken. Es wäre außerdem denkbar, nachdem einige Kapitel bekannt sind, das letzte Kapitel vorzulegen, und dann erraten zu lassen, was zwischen dem ersten und dem letzten Kapitel passieren könnte. Durch die Kenntnis des Rahmens und der Anfänge einiger Kapitel ist die Verwirrung nun komplett.

Was als Arbeit an der Grammatik und am Wortschatz begonnen hat, entwickelt sich zu einem Gespräch über Literatur. Auf diese Weise ergibt sich die Gelegenheit, über die Arbeit am ersten Kapitel im Besonderen, einen Blick auf den Roman als Ganzes zu werfen und gleichzeitig die Motivation und das Interesse der Lerner für diesen Text lebendig zu halten.

Anmerkungen

1 Norbert Becker, „Probleme und Lösungsmöglichkeiten beim Übergang vom Lehrwerk zur Behandlung von literarischen Texten im Italienischunterricht“, in: *Italienisch* 32 (1994), S. 78.
2 Vgl. beispielsweise Giulia Angelini, „L'impiego del testo letterario nella lezione d'italiano“, in: *Italienisch*, 22 (1989), S. 74-84 oder Hans Hunfeld, *Literatur als Sprachlehre. Ansätze eines hermeneutisch orientierten Fremdsprachenunterrichts,* Berlin und München: Langenscheidt 1990, S. 18-27.
3 Vgl. Giulia Angelini, ebd. S. 74.
4 Vgl. beispielsweise Jürgen Schier, *Schülerorientierung als Leitprinzip des fremdsprachlichen Literaturunterrichts,* Frankfurt/M.: Peter Lang 1989, S. 198-199; Armin Volkmar Wernsing, „Von Lehrbuchtexten und dem Umgang mit ihnen“, in: *Praxis des neusprachlichen Unterrichts* 40 (1993), S. 173 oder auch Dieter Wolff, „Lehrbuchtexte und Verstehensprozesse in einer zweiten Sprache“, in: *Neusprachliche Mitteilungen* 1984, S. 4.
5 Dieter Wolff (1984), ebd., S. 6 und 7.
6 Ebd.
7 Ebd., S. 8f.
8 Ebd., S. 9.
9 Ebd.
10 Gerhard J. Westhoff, *Didaktik des Leseverstehens. Strategien des voraussagenden Lesens mit Übungsprogramm,* München: Hueber 1987, S. 40.
11 Vgl. Dieter Wolff, „Unterschiede beim muttersprachlichen und zweitsprachlichen Verstehen“, in: *Linguistische Berichte* 106 (1986), S. 449.
12 Ebd. S. 451.
13 Italo Calvino, *Se una notte d'inverno un viaggiatore*, Turin: Einaudi 1979, S. 3f.
14 Die Übung wurde modifiziert entnommen aus Iolanda Da Forno / Chiara de Manzini, *Grundkurs Italienisch. Eine systematische Einführung in die italienische Sprache*, Ismaning: Hueber 1994, S. 210f.
15 Für eine detaillierte Beschreibung der Übung vgl. auch Iolanda Da Forno / Chiara de Manzini, *Grundkurs Italienisch*. Lehrerheft, Ismaning: Hueber Verlag 1994, S. 13f. und Susanna Buttaroni, *Fremdsprachenwachstum. Sprachenpsychologischer Hintergrund und didaktische Anleitungen*, Ismaning: Hueber Verlag 1997, S. 230-235.
16 Vgl. Gerhard J. Westhoff, ebd., S. 40.
17 Dieter Wolff, „Der Konstruktivismus: Ein neues Paradigma in der Fremdsprachendidaktik?“, in: *Die Neueren Sprachen* 93 (1994), S. 425-427.
18 Vgl. hierzu Giulia Angelini, ebd., S. 80f.

19 Vgl. Andreas Kablitz, „Calvinos 'Se una notte d'inverno un viaggiatore' und die Problematisierung des autoreferentiellen Diskurses", in: Klaus W. Hempfer (Hg.), *Poststrukturalismus – Dekonstruktion – Postmoderne,* Stuttgart: Franz Steiner Verlag 1992, S. 76.
20 Ebd.
21 Ebd.
22 Vgl. Norbert Becker, „Behandlung narrativer literarischer Texte und Sprachproduktion", in: *Praxis des neusprachlichen Unterrichts* 37 (1990), S. 175.

Bibliographie

Angelini, Giulia: „L'impiego del testo letterario nella lezione d'italiano", in: *Italienisch*, 22 (1989), S. 74-84.

Becker, Norbert: „Behandlung narrativer literarischer Texte und Sprachproduktion", in: *Praxis des neusprachlichen Unterrichts* 37 (1990), S. 175-185.

Becker, Norbert: „Probleme und Lösungsmöglichkeiten beim Übergang vom Lehrwerk zur Behandlung von literarischen Texten im Italienischunterricht", in: *Italienisch* 32 (1994), S. 78-88.

Buttaroni, Susanna: *Fremdsprachenwachstum. Sprachenpsychologischer Hintergrund und didaktische Anleitungen*, Ismaning: Hueber 1997.

Calvino, Italo: *Se una notte d'inverno un viaggiatore*, Turin: Einaudi 1979.

Da Forno, Iolanda / de Manzini, Chiara: *Grundkurs Italienisch. Eine systematische Einführung in die italienische Sprache*, Ismaning: Hueber Verlag 1994.

Da Forno, Iolanda / de Manzini, Chiara: *Grundkurs Italienisch*. Lehrerheft, Ismaning: Hueber Verlag 1994

Hunfeld, Hans: *Literatur als Sprachlehre. Ansätze eines hermeneutisch orientierten Fremdsprachenunterrichts*, Berlin und München: Langenscheidt 1990.

Kablitz Andreas: „Calvinos 'Se una notte d'inverno un viaggiatore' und die Problematisierung des autoreferentiellen Diskurses", in: Hempfer, Klaus W. (Hg.), *Poststrukturalismus – Dekonstruktion – Postmoderne*. Stuttgart: Franz Steiner Verlag 1992, S. 75 – 94.

Schier Jürgen: *Schülerorientierung als Leitprinzip des fremdsprachlichen Literaturunterrichts*. Frankfurt/M.: Peter Lang 1989.

Wernsing, Armin Volkmar: „Von Lehrbuchtexten und dem Umgang mit ihnen", in: *Praxis des neusprachlichen Unterrichts* 40 (1993), S. 173-180.

Westhoff, Gerhard J.: *Didaktik des Leseverstehens. Strategien des voraussagenden Lesens mit Übungsprogramm*. München: Hueber 1987.

Wolff, Dieter: „Lehrbuchtexte und Verstehensprozesse in einer zweiten Sprache", in: *Neusprachliche Mitteilungen* 1984, S. 4-11.

Wolff, Dieter: „Unterschiede beim muttersprachlichen und zweitsprachlichen Verstehen", in: *Linguistische Berichte* 106 (1986), S. 445-455.

Wolff, Dieter: „Der Konstruktivismus: Ein neues Paradigma in der Fremdsprachendidaktik?", in: *Die Neueren Sprachen* 93 (1994), S. 407-429.

HANNELORE MARTIN/NORBERT BECKER

Märchen und Fabeln – Wege zu einem kreativen Literaturunterricht

Einleitung

Ziel eines motivierenden und modernen Italienischunterrichts sollte es sein, die Schülerinnen und Schüler vom 2. Lernjahr an zu kreativem Schreiben anzuregen. Dies ist aus verschiedenen Gründen sehr förderlich. In einer Zeit der Reizüberflutung durch moderne Medien, die die jungen Menschen mehr denn je in eine häufig beklagte Passivität versetzt, scheint es unerlässlich, im Unterricht nach Wegen zu suchen, die Fantasie, Aktivität und Kreativität der Jugendlichen anregen. Dies sollte so früh und so intensiv wie möglich geschehen, so dass Schule wirklich Defizite des Alltags vieler Jugendlicher ausgleicht und auch einen Gegenpol zu manchen Konsumgewohnheiten darstellt. Damit verbunden ist ein Erfolgserlebnis. Die Schüler bemerken, dass sie selbst sprachlich etwas ausdrücken können, ohne nur wie bisher auf vorgegebene Fragen und Übungen zu reagieren. Sie gestalten etwas selbst, was für sie sehr befriedigend ist und sie gleichzeitig ermutigt. Gerade der Versuch, etwas Eigenes zu gestalten, selbst erkannte oder vermutete Sachverhalte zu formulieren, schafft ein Erfolgserlebnis und bereitet Freude. Gleichzeitig erleben die Schüler, dass ein solches Bemühen zu viel besseren Gedächtnis- und Formulierungsleistungen führt.

Dem Fremdsprachenunterricht wurde und wird häufig der Vorwurf gemacht, Schüler und Schülerinnen nicht genug auf freies Sprechen und Schreiben in anderen Sprachen vorzubereiten, erschöpft er sich doch allzu häufig (vor allem in der Mittelstufe) in Frage- und Antwortspielen und Einsetzübungen, besonders im Bereich der Grammatik. In der Tat erweisen sich letztere, sind sie Hauptgegenstand des Einübens von Strukturen, als wenig zweckmäßig, da sie – das zeigt sich spätestens bei komplexeren Sprachproduktionen – von den Schülern nur teilweise und als isolierte sprachliche Erscheinungen verinnerlicht werden und damit nicht auf andere, komplexere Zusammenhänge transferierbar sind. Legt man sprachliche Übungen lediglich im grammatikalischen Bereich an, werden Schwierigkeiten bei der Benutzung in der freien Rede oder der schriftlichen Formulierung auftreten. Es ist daher sehr wichtig, neben der Einübung von Strukturen, was in manchen Übungsphasen zweifelsohne unverzichtbar ist, von vornherein Kontexte zu schaffen, in denen die Strukturen nicht nur eingesetzt, sondern selbständig und produktiv verwendet werden müssen, was natürlich auch eine Intensivierung der Wortschatzarbeit bedeutet. Man sollte auf dem von Günther Zimmermann beschriebenen Weg von der Sprachaufnahme zur

Sprachanwendung noch einen Schritt weiter in Richtung eines selbst gestalteten Produkts gehen.

Zur Rolle von Bildern

Bilder können zum Entdecken und Beschreiben anregen, vor allem wenn sie von einer Gruppe betrachtet werden. Bilder im Fremdsprachenunterricht ermöglichen auch, den völlig verschiedenen Leistungsniveaus in den Lerngruppen Rechnung zu tragen. Da jeder Einzelne sich seinem jeweiligen Leistungsstand entsprechend äußern kann, haben auch Schüler mit einem noch niedrigeren Sprachprofil die Möglichkeit, andere Formulierungen wahrzunehmen, sich komplexere Äußerungen anzueignen und sie vielleicht sogar zu benutzen. Über Dialogisierung und Rollenspiele bis hin zum Geschichtenerzählen sind der Gestaltung durch die Lehrkraft hier keine Grenzen gesetzt. Beginnen kann man mit der reinen Bildbeschreibung im Präsens. Dem Niveau der Lerngruppe entsprechend kann die Verbalisierung von Bildern mehr oder weniger stark entlastet werden. Und schließlich ermöglichen Bilder auch den Einsatz von sehr verschiedenen Sozialformen des Unterrichts. Sie können in Stillarbeit individuell, in Gruppenarbeit, im Tandem und natürlich auch im fragend-entwickelnden Verfahren fruchtbar für den Unterricht eingesetzt werden. Schließlich werden Bilder der Forderung gerecht, die Schüler auf verschiedene Weise anzusprechen, besonders die visuellen Lerntypen, zumal die Jugendlichen von heute auf diesem Gebiet stark sensibilisiert sind. Schließlich können die Unterrichtsinhalte mit Bildern strukturiert werden. Die einzelnen sprachlichen Formulierungen sind nicht isoliert, sondern vermögen eine Funktion in einem sinnvollen Rahmen zu erfüllen. Bei Gruppenarbeit oder anders verteilten Arbeitsaufträgen kann jeder seine eigene Position leichter bestimmen, da er ja ganz unmittelbar und schnell die (vorhergehende) Arbeit der anderen überschauen kann.

Zum Einsatz von Märchen im Fremdsprachenunterricht

Natürlich könnte man fragen, warum ausgerechnet Märchen zum Zweck kreativen Schreibens herangezogen werden. Gibt es doch vielleicht nicht sehr viel wirklichkeitsbezogenere Möglichkeiten? Die Gründe, die für die Märchen sprechen, liegen im methodischen, didaktischen, aber auch interkulturellen Bereich. Für die interkulturelle Verständigung ist es vorteilhaft, wenn die Lerner wenigstens zu einem kleinen Teil Texte kennen lernen, die für die Jugendlichen der Zielsprache eine Rolle spiel(t)en. Bei Märchen, die denjenigen der eigenen Kultur ähneln, erhalten sie die Möglichkeit, sich darüber zu äußern oder Bilder daraus im Gespräch zu verwenden. Bei unterschiedlichen Märchengestaltungen erkennen sie das Besondere in den kulturellen Voraussetzungen der Gesprächspartner. Dies ist dann ein kleiner Beitrag zur nationenübergreifenden Kommunikationsfähigkeit. Dazu kommt, dass Märchen im Gegensatz zu vielen alltagsorientierten und vordergründigen Texten oft existentielle Grundfragen ansprechen, die jeden Menschen betreffen. Märchen können also Werte sichtbar machen, was heute oft vernachlässigt wird. Schließlich vermögen Märchen einerseits traditionelle Wertvorstellungen des eigenen Landes und andererseits solche der Zielsprache zu vermitteln, so dass sich neben der kreativen Sprachproduktion auch Vergleiche themengleicher Märchen aus verschiedenen Ländern anbieten. Ein Gang zu den Ständen der italienischen Verlage auf der Frankfurter Buchmesse zeigt, was für eine wichtige Rolle die Märchen innerhalb der italienischen Kinderlektüre einnehmen und welche die heute am meisten verbreiteten Märchen sind. Für unseren Unterricht benutzen wir deshalb Märchen, die in Italien einen hohen Verbreitungsgrad haben. Nicht unberücksichtigt bleiben sollte auch die Tatsache, daß ein Teil der „deutschen Märchen" von dem Venezianer Straparola und dem Neapolitaner Basile ihren Weg über Charles Perrault zu den Gebrüdern Grimm gefunden haben.

Die bedeutendste moderne italienische Märchensammlung sind die *Fiabe italiane* von Italo Calvino, der auch die dialektalen Texte in modernem Standarditalienisch wiederzugeben bemüht ist. Methodisch ist es sinnvoll, von bekannten „Sachverhalten" auszugehen, da dadurch die bildgestützten Stimuli zur Verbalisierung stärker sind. Die Schüler können also mit Hilfe der Bilder Handlungsabläufe, die sie teilweise in Erinnerung haben, sprachlich ausdrücken. Danach ist dann, je nach Altersstufe, ein Vergleich zwischen der eigenen Erzählung und dem vorgefundenen tradierten Text vorteilhaft. Dadurch kann das Besondere der überlieferten Märchen sichtbar gemacht und die „Moral" verdeutlicht werden. Hat man sich an die Darstellungsweise von Märchen einigermaßen „gewöhnt", kann man auch moderne Märchen im Unterricht benutzen.

Rein methodisch bieten die Märchen eine Vielzahl von Möglichkeiten, von denen wir bereits einige angedeutet haben, wobei es in allen Fällen außerordentlich wichtig ist, vorher das entsprechende Vokabular mit den Schülern zu erarbeiten. Märchen können mit Hilfe von Bildern verfasst werden, wobei anhand der Bilder das erforderliche Vokabular auf vielfache Weise entwickelt und der Handlungsrahmen strukturiert werden kann: Man kann sie in Form eines Textpuzzles zusammensetzen, durch verzögertes Lesen den Erwartungshorizont formulieren und Hypothesen für den Fortgang bilden, man kann schließlich das Märchen weiterschreiben. Auch Karten und Zitate (z.B. Märchenerzählkarten) können eingebaut werden.

Reizvoll ist es auch, verschiedene Märchen und die dazugehörigen Gegenmärchen oder Parodien zu vergleichen und diese als Ausgangsbasis für eine eigene Version eines Märchens zu benutzen. Ein solches Verfahren soll beispielhaft an den Märchen „Cappuccetto Rosso" und „La Bella Addormentata" dargestellt werden. Diese Methode reizt die Schüler im Übrigen auch zur eigenen Produktion, vor allem wenn sie mit der angedeuteten Moral nicht einverstanden sind. Es verlockt sie dann, die Handlung anders fortzusetzen oder dem Mächen ein anderes Ende zu geben.

Methodische Vorgehensweisen, dargestellt am Beispiel von „Cappuccetto Rosso"

Obwohl „Cappuccetto Rosso" kein original italienisches Märchen ist, gehört es doch zu den in Italien am häufigsten Kindern vorgelesenen bzw. erzählten Märchen.

Für deutsche Schülerinnen und Schüler eignet sich dieses Märchen hinsichtlich kreativer Schreibübungen deshalb besonders gut, weil es kürzer und damit überschaubarer sowie klarer strukturiert ist als andere Märchen, und weil hier Bekanntes (Inhalt) mit Neuem (Sprache) verknüpft werden kann. Zugleich scheint gerade dieses Märchen vor allem bei älteren Schülerinnen positive Kindheitserinnerungen zu wecken und damit einen affektiven Zugang zu ermöglichen. Dies mag einmal vielleicht damit zusammenhängen, dass Märchen häufiger Mädchen vorgelesen werden, sicher aber auch, weil wie Bruno Bettelheim schreibt (S.191 ff.) in „Rotkäppchen" die inneren Prozesse des (pubertären) Kindes nach außen projiziert werden. Es gibt eine Wiederauferstehung vom „Bösen". Im Unbewussten spielt wohl die Rettung zweier Frauen eine Rolle, von denen die eine eine Identifikationsmöglichkeit bietet.

Da „Cappuccetto Rosso" je nach Lernjahr und sprachlichem Leistungsstand der Lerngruppe für völlig unterschiedliche Zielsetzungen benutzt werden kann, ergeben sich daraus auch sehr unterschiedliche Vorgehensweisen.

Vorgehensweise A – Einsatz zu Beginn des 2. Lernjahres

In diesem Falle ist davon auszugehen, dass die Schülerinnen und Schüler das Präsens, das Passato prossimo und eventuell das Imperfetto bereits kennen, ebenso wie den bejahten und verneinten Imperativ. Darüber hinaus dürften zumindest die einfachen Objektpronomen, die Possessivpronomen, die Preposizioni articolate und einige wesentliche, nicht den Congiuntivo erfordernde Konjunktionen bekannt sein.

Hinsichtlich des Wortschatzes erscheint es als ungleich schwieriger, einen Lernstand zu Beginn des zweiten Lernjahres verallgemeinernd zu bestimmen, da nach unterschiedlichen Lehrwerken bzw. manchmal sogar ganz ohne Lehrbuch unterrichtet wird, so dass es sich bei den folgenden Vorschlägen zur lexikalischen Vorentlastung nur um Annahmen handeln kann.

Als erster Einstieg könnte ein Bildimpuls dienen, z.B. „Rotkäppchen und der Wolf im Wald".

Quelle: *Im weiten bunten Märchenland*. Wien: Waldheim-Eberle o.J.

Anhand dieses Bildes ist es möglich, bereits bekanntes Vokabular wie: *la ragazza*, *il lupo*, *il bosco* anhand einer reinen Bildbeschreibung zu reaktivieren.

Des Weiteren können Fragen zur Kleidung des Mädchens gestellt werden, denn es ist davon auszugehen, dass sowohl „Kleidung" als auch „Farben" Gegenstand des bisherigen Unterrichts waren. *Cappuccetto* wird als neue Vokabel eingegeben werden müssen. Die Schüler werden dann in der Lage sein, den Titel der Geschichte zu benennen; dazu kann an dieser Stelle auch der Terminus *fiaba* eingeführt werden.

In einem nächsten Schritt kann den Schülern das ganze Märchen als Bildgeschichte vorgelegt werden. Dabei sollten Vokabeln wie *lasciare la strada*, *fermarsi*, *il cestino*, *raccogliere fiori*, *furbo*, *afferrare qn*, *russare*, *il cacciatore*, *uccidere* anhand der einzelnen Bilder eingeführt werden. Falls die Wortfelder „Verwandtschaftsbezeichnungen" und „Körperteile" noch nicht erarbeitet worden sind, könnte dies ebenfalls mit Hilfe von Bildern geschehen.

Nach der Klärung des Vokabulars erhalten die Schüler den Arbeitsauftrag, die Bilder im Präsens zu beschreiben und anschließend zu einer zusammenhängenden Geschichte zu verknüpfen.

Vorgehensweise B – Einsatz im Laufe des zweiten Lernjahres

Voraussetzung für diese Vorgehensweise ist die Kenntnis des Passato Prossimo und des Imperfetto sowie der Anwendung dieser beiden Zeiten.

Die Vorgehensweise entspricht zunächst der Vorgehensweise A; anschließend jedoch soll das Märchen im Passato Prossimo und Imperfetto erzählt werden, was aufgrund der klaren Struktur von „Cappuccetto Rosso“ sehr gut möglich ist und den Schülerinnen und Schülern zu einer intensiven Kognitivierung des Gebrauchs beider Zeiten verhelfen kann. Nun mag man einwenden, Märchen seien im Passato remoto und Imperfetto geschrieben. Dies ist natürlich richtig, aber zumindest in der gesprochenen Sprache erscheint dies als sekundär, zumal in Norditalien die Bedeutung des Passato Remoto sehr gering ist.

Vorgehensweise C – nach A oder B

Je nach sprachlicher Leistungsstärke und „kreativem Vortraining“ werden die Schülerinnen und Schüler aufgefordert, ein anderes Ende oder gar ein neues Märchen mit dem Titel „Cappuccetto Rosso“ zu schreiben. Letzteres ist für die Schülerinnen und Schüler ausgesprochen leicht durchzuführen, wenn im Unterricht bereits eine Parodie behandelt worden ist.

Hier scheint es sinnvoll, die Schülerinnen und Schüler entweder in Partnerarbeit oder in kleinen Gruppen zusammen arbeiten zu lassen, wobei darauf zu achten ist, dass sie möglichst in italienischer Sprache miteinander kommunizieren.

Auch hinsichtlich der Ergebnispräsentation ergeben sich wiederum mehrere Möglichkeiten:

a) Die einzelnen Gruppen lesen ihre Geschichten vor, wobei diese Vorgehensweise allerdings bekanntermaßen sehr schnell zu Ermüdungserscheinungen bei allen Beteiligten führt.

b) Die einzelnen Gruppen spielen ihre Geschichte frei vor, dies benötigt im Allgemeinen zwar etwas mehr Zeit, führt aber zu einer ungleich intensiveren Auseinandersetzung mit der Materie. Dabei ist es wichtig, im Anschluss eine Evaluation durch die restliche Lerngruppe herbeizuführen, was durch ein überschaubares Arbeitsblatt möglich ist, das vorher gemeinsam mit der Lerngruppe erarbeitet worden sein kann, und allen Schülerinnen und Schülern zu Beginn der Präsentation vorliegen muss.

c) Die einzelnen Gruppen schreiben ihre Geschichte auf Plakate und illustrieren sie durch Zeichnungen oder Bilder. Die Plakate werden in der Klasse aufgehängt und evaluiert. Die Evaluation kann auf Italienisch erfolgen, sofern auf Wendungen, die den Congiuntivo verlangen, wie *penso che*, verzichtet wird. Es müssten Redemittel wie *secondo me* und *per me* zur Verfügung gestellt werden und die Evaluation würde sich auf ganz einfache Äußerungen beschränken, wie z.B. *La presentazione mi è piaciuta perché la fine è stata una grande sorpresa per me.*

Vorgehensweise D
Einsatz vor allem in Oberstufengruppen (nach A und/oder B und C)

Voraussetzung in diesem Fall ist die passive Kenntnis des Passato Remoto. Nachdem die Schülerinnen und Schüler selbst ein alternatives Ende zu dem Märchen verfasst haben, wird ihnen eine literarische Alternative geboten z.B. „The little girl and the wolf" von James Thurber (in italienischer Übersetzung, allerdings wäre gerade im Bereich dieser Textgattung auch fachübergreifender Unterricht möglich und wünschenswert).

Dieses alternative Märchen wird den Schülerinnen und Schülern möglichst stückweise präsentiert (s. Anlage, verzögertes Lesen), damit der Überraschungseffekt am Ende, nachdem völlig falsche Erwartungen geweckt und von den Schülern nach den einzelnen Abschnitten Hypothesen zum Fortgang der Geschichte formuliert wurden, noch an Intensität gewinnt.

Im Anschluss an die Lektüre des alternativen Märchens sollten die Schülerinnen und Schüler das Original und die Thurberfassung miteinander vergleichen und Gemeinsamkeiten und Verschiedenheiten benennen. Was hier über Thurber gesagt wurde, gilt natürlich *mutatis mutandis* auch für andere Märchenfassungen wie z.B. die von Charles Perrault, der eine ganz andere Tendenz darstellt. Für ihn ist dieses Märchen ein Erziehungsmärchen, vor allem für die gehobene Gesellschaft, ein Warnmärchen.

Da davon auszugehen ist, dass die Lerngruppe in diesem Stadium bereits über die Kenntnis des Congiuntivo verfügt, ist eine fundierte Stellungnahme möglich.

Im weiteren Verlauf kann man aber auch verwendete Stilmittel und gattungsspezifische Merkmale zum Märchen (bzw. evtl. auch Fabel) diskutieren.

Schließlich wäre es innerhalb eines Unterrichtsprojekts möglich, den Schülerinnen und Schülern den Auftrag zu erteilen, weitere literarische Fassungen des Rotkäppchenmotivs zu suchen, zu bearbeiten und gegenüber den Mitschülern in italienischer Sprache darzustellen. In diesem Falle könnte ein Reader als Endprodukt erstellt werden.

Natürlich ist es sehr nützlich und auch motivierend, an geeigneter Stelle – d.h. vor allem nach der Erarbeitung des Märchens oder auch ganz am Ende der Unterrichtseinheit – mit einer am gedanklichen Hintergrund interessierten Lerngruppe in einer anspruchsloseren Art und Weise (z.B. in der Muttersprache) über die tiefenpsychologischen Deutungsansätze zu sprechen, wie sie Bruno Bettelheim entwickelt oder auch Becker/Elwert anführen. Gerade dies gibt zu interessanten Gesprächen und zu Versuchen von Sinndeutung des Märchens und der weiteren Fassungen Anlass.

„La bella addormentata"

Dieses Märchen stammt aus der italienischen Tradition. Seine „Urfassung" findet sich im *Pentamerone* des Neapolitaners Basile. Allerdings ist davon in den heutigen Fassungen des Märchen des gleichen Titels ein erheblicher Teil verschwunden und damit den Lesern von heute unbekannt. Bei Basile ist manches Übernatürliche nicht zu finden, es gibt z.B. keine Feen. Die Handlung beginnt bei ihm eigentlich erst, als das Mädchen einschläft (sie ist bei ihm nicht einmal eine Königstochter), und was sich daraus entwickelt, ist eine Geschichte von Wollust, Eifersucht, Intrige, Verstellung, Mord und Rache. Geblieben ist bei Basile eine menschliche Begebenheit nach der besten Tradition der Renaissancenovellistik. Dies ist in den späteren Fassungen seit Perrault und Grimm sehr verändert, was sich in einer Änderung und Schwerpunktverlagerung des Handlungsgangs äußert. Das heute bekannte Märchen, das ebenfalls eine erhebliche Verbreitung in Italien gefunden hat, beruht, wie bereits gesagt, trotz des italienischen Ursprungs auf den neuen Fassungen. Zur Deutung des Märchenstoffes lese man am besten die entsprechenden Passagen bei Bruno Bettelheim (S. 261 ff.), selbst wenn die eine oder andere Einzelheit übertrieben sein mag.

Methodische Vorgehensweise zu „La Bella Addormentata" – „Il Bello Addormentato"

Will man im Unterricht einen Ausgangstext – wie hier das Märchen – und eine Parodie behandeln, so beginnt man erfahrungsgemäß mit dem älteren Text, der als Vorlage dient, um diesen dann mit der Parodie zu vergleichen und dann durch die Änderungen auf die Absichten des Autors der Parodie schließen zu können. Unter Umständen erscheint der Ausgangstext dann in einem anderen Licht. Im Falle von „La Bella Addormentata" scheint es angebracht, einmal umgekehrt zu beginnen. Natürlich wäre auch hier ein Verfahren wie bei „Cappuccetto rosso" möglich. Bei einer etwas fortgeschrittenen Gruppe, die nicht unbedingt das Passato remoto beherrschen muss, wäre es möglich, die beiden Märchen im Rahmen des Themas „Rolle der Frau" zu behandeln. Als *pre-reading activity* können die Schüler aufgefordert werden, Bilder von „typischen" Mädchen und Jungen mitzubringen. Diese Bilder werden im Klassenzimmer aufgehängt, und die Schüler erhalten nun Karten, auf die sie Adjektive schreiben sollen, die zum Erscheinungsbild der Kinder passen. Falls die Schüler nicht über den notwendigen Wortschatz verfügen, könnte der Lehrer Karten vorbereiten. In einem nächsten Schritt würden Charaktereigenschaften ergänzt und schließlich an der Tafel oder auf Folie typische männliche bzw. weibliche Tätigkeiten festgehalten. Daran könnten sich verschiedene handlungsorientierte Aktivitäten anschließen, wie eine Diskussion zwischen einem Mann und einer Frau über ihre Aufgabenverteilung im Haushalt, ein Tagebucheintrag einer berufstätigen Mutter, ein Gespräch eines Hausmanns mit einem berufstätigen Freund und vieles mehr.

Der Text „Il Bello Addormentato“ könnte nun mithilfe des verzögerten Lesens erschlossen werden, indem die Schüler jeweils Hypothesen zum Fortgang der Geschichte bilden und diese selbst weiterschreiben. Den Schülern wird natürlich im Laufe der Geschichte klar, dass es sich um eine Parodie der „Bella Addormentata“ handelt. So kann im Anschluss daran das Originalmärchen (gegebenenfalls anhand von Bildern) nacherzählt und mit der Parodie verglichen werden. Dabei kann auch kurz in der Muttersprache auf den tiefenpsychologischen Sinn des Märchens verwiesen werden.

Schließlich könnte erarbeitet werden, durch welche stilistischen Mittel das Antimärchen seinen parodistischen Charakter erhält. Durch die *pre-reading activities* dürfte das keine allzu große Schwierigkeit darstellen.

In leistungsstarken Gruppen könnten die Schüler am Schluss aufgefordert werden, ein ihnen bekanntes Märchen ebenfalls umzuschreiben. Es wäre auch denkbar, das o.a. Antimärchen zu inszenieren. Dabei wäre darauf zu achten, dass der *principe bello* von einem Jungen und die *principessa* von einem Mädchen dargestellt werden.

Zur Arbeit mit Fabeln

Das meiste des bisher Gesagten gilt auch für die Verwendung von Fabeln und zwar sowohl für den interkulturellen wie auch den methodisch-didaktischen Bereich. Da bisweilen geschlechtsspezifische Verhalten auftreten – es ist nicht ausgeschlossen, dass Jungen Vorlieben für Fabeln (statt Märchen) entwickeln, während Mädchen sich für beide Gattungen interessieren –, ist es ratsam, zwischendurch die Textgattung zu wechseln, wenn man eine solche Spezifizierung feststellt. Da die gattungsmäßigen Strukturen bei der Fabel etwas strenger sind als beim Märchen, ist es zu empfehlen, die methodischen Verfahren noch etwas zu erweitern.

Den ersten Schritt kann man wie bei den Märchen wählen: Erarbeitung einer Fabel mit Hilfe von Bildern und lexikalischen Hilfen, wobei es günstig ist, zu Beginn eine Fabel zu wählen, die entweder europäisches Fabelgut ist oder klar strukturiert und bildlich gut wiederzugeben ist. Die von den Schülern gefundenen sprachlichen Formulierungen dürften wohl meistens eher einfacher Natur sein und dem erlernten Basisitalienisch entsprechen. Gerade zu Beginn sollte man nicht zu viel erwarten. Die (in Gruppenarbeit) erreichten Ergebnisse werden dann miteinander, auf jeden Fall aber besonders mit der literarischen Fassung verglichen, das Besondere an ihr hervorgehoben. Mit diesem Arbeitsgang können auch die Charakteristika dieser Textgattung erarbeitet werden. Als ein Beispiel eignet sich die bekannte Fabel „Il corvo e la volpe" von Aesop, die zahlreiche italienische Autoren, z.B. Leonardo Sciascia aufgegriffen haben. Bevor man Parodien oder „Reprisen" behandelt, sollte man die Grundform kennen gelernt haben, um deren Besonderheiten würdigen zu können.

Il corvo e la volpe

Il corvo aveva rubato un bel pezzo di carne e, posatosi su un ramo, stava per mangiarselo quando passò lì sotto una volpe. „Che boccone per me!" pensò la furbacchiona, fermatasi, fece un bell'inchino al corvo e parlò.
Come sei bello, o corvo! – gli disse. – Come sei mirabilmente proporzionato! E che eleganza! Le tue piume sono lucide come il metallo e hanno certi riflessi turchini che incantano. Che becco forte! Che zampe diritte! Che ali ampie! Non per adularti, ma sei proprio fatto per essere il Re degli uccelli. Come mai non ti hanno ancora eletto Re? Forse perché ti manca la voce?
Il corvo, inebriato da tante lodi e già smarrito nella visione della sovranità, volle dimostrare che la voce non gli mancava davvero, e spalancando il becco, mandò un grande grido. Naturalmente la carne cadde a terra. La volpe ci aveva posto su le unghie.
O caro, – disse – hai la voce. Non ti mancherebbe proprio nulla per essere il Re. Nulla fuor che un briciolo di cervello. Raccolse la carne e se ne andò.

Esopo, trascrizione di Laura Zanotti

Die Fabel versucht – paradoxerweise – mit Hilfe der Fiktion im Erzählteil *(narrazione: azione/dialogo)* Aussagen über das menschliche Verhalten, also den realen Bereich *(la morale)* zu machen. Der etwas längere Erzählteil ist auf eine Pointe, *la morale*, ausgerichtet, wobei sie oft nicht *expressis verbis* angegeben wird, sondern vom Leser erschlossen werden muss. Die Fabel ist im Allgemeinen kurz und auf einen Konflikt beschränkt, der durch zwei Antagonisten oder einen Protagonisten veranschaulicht wird, die im Übrigen nur in Bezug auf den Grundkonflikt hin charakterisiert werden. Sie handeln, sprechen und argumentieren wie Menschen, d.h. der Bezug zur humanen Ebene wird unmittelbar erfasst. Oft verkörpern die Tiere bestimmte Eigenschaften wie Schläue, Stärke, Dummheit, Dreistigkeit, Pfiffigkeit usw.

Hat man nach der ersten kreativen Phase und nach dem Vergleich mit der „Originalfassung" induktiv diese Elemente erarbeitet, bieten sich weitere Möglichkeiten selbständigen und kreativen Arbeitens an: So hat sich für die Sprachproduktion als nützlich erwiesen, Personen oder auch eine „Moral" vorzugeben oder – noch besser – gemeinsam zu finden, für die eine ihrem Charakter bzw. ihrer Tendenz entsprechende Erzählung oder ein Dialog (oder beides) erfunden werden soll. Wenn die Schüler sich bei ihrer eigenen Sprachproduktion an die Struktur der Gattung anlehnen sollen, müssen sie diese wenigstens in großen Zügen kennen. Die Lerner verfügen dann eben über ein Gerüst, das ihnen bei ihrer gedanklichen und sprachlichen Arbeit sehr hilfreich ist.

Auch bei anderen Fabeln können die Schüler sich wie bei der ersten nach Bildern richten. Danach können sie aber auch die anderen formalen Vorschläge, die durchaus noch mehrfach variierbar sind, berücksichtigen. Abwechslung in der Arbeitsweise vermag die Kreativität zu erhalten, ja gerade in einem solchen Falle zu fördern. Bei allem sollte an die Entwicklung der Metasprache gedacht werden, was sich auch für andere, besonders literarische Unterrichtseinheiten als sehr günstig erweist.

Bibliographie

Basile, Giambattista: *Das Pentameron. Altitalienische Märchen*, Essen 1981.

Perrault, Charles: *Contes de fées*, Frankfurt 1984.

Becker, Norbert/Elwert, Th.W.: *Perrault. Contes de fées. Materialien und didaktische Analysen zum Verständnis der französischen Literatur*, Frankfurt 1985.

„Il Bello Addormentato", in: Gruppo Anabasi, *Donna è bello*, in *Tempi d'oggi*, Stuttgart 1980.

Bettelheim, Bruno: *Kinder brauchen Märchen*, München 1980 (dtv).

Calvino, Italo: *Fiabe italiane*. 3 volumi, Milano 1993.

Esopo, in: *Enciclopedia della fiaba*, Milano: Principato. Zitiert in: Sergio Spini, *Dalla fiaba al fumetto*, Genova 1984.

Sciascia, Leonardo: *Favole della dettatura*, Bardi Editore 1950.

Zimmermann, Günther: „Integrierungsphase und Transfer im neusprachlichen Unterricht", in: *Praxis des neusprachlichen Unterrichts* 16 (1969).

NORBERT BECKER

Bild und Ton im frühen Literaturunterricht (Kurzkrimis, *Canzoni,* Gedichte)

Literaturunterricht kann faszinierend, aber auch demotivierend sein. Die Schüler sind schnell gelangweilt und entmutigt, wenn der Unterricht stets nach dem gleichen Schema abläuft, das durchaus nicht selten praktiziert wird: Text lesen (auch im späteren Unterricht oft nur laut), Fragen nach dem unbekannten Vokabular, Vokabelangaben durch den Unterrichtenden, Fragen nach dem Inhalt, Fragen nach der Form, Synthese, evtl. Zusammenfassung. Dies immer weiter im gleichen Rhythmus. Eine solche mangelnde Anpassungsfähigkeit an den Text und an die Lerngruppe wirkt auf die Schüler wie papierene Philologie. Durch die methodische Monotonie der Stunden wird sich schnell Müdigkeit einstellen. Andererseits kann sich – wie man immer wieder feststellt – Literatur durch besondere Motivationsstärke auszeichnen. Davon bleibt jedoch nicht viel übrig, wenn sie unspezifisch behandelt und unpersönlich seziert wird.

Durch eine Reihe von Maßnahmen kann man der Demotivation vorbeugen: durch Variation des methodischen Vorgehens, geschickte Themenauswahl, zutreffende Beurteilung der Schwierigkeitsstufe, Rhythmuswechsel im Stundenablauf und Wechsel der Sozialformen des Unterrichts (Gruppen- und Partnerunterricht, Stillarbeitsphasen, fragend-entwickelndes Verfahren usw.), durch Eingehen auf die persönliche Situation der Leser, den Einsatz von Medien und natürlich auch das persönliche Engagement des Unterrichtenden.

Was die Problematik des Verhältnisses zwischen dem Sprachprofil, das in der Lehrbuchphase erworben wurde, und der Sprache der Literatur, mit der die Lernenden jetzt konfrontiert werden, anbelangt, so haben wir dies im Einleitungskapitel dieses Bandes ausführlich beschrieben. Da in dieser Unterrichtsphase der Schritt von der standardisierten Kommunikationssprache zum authentischen Text, der also für Muttersprachler und nicht für den Fremdsprachenlerner verfasst worden ist, zu unternehmen ist, muss der Schwierigkeitsgrad sehr genau bedacht, bzw. durch geeignete methodische Maßnahmen bewältigt werden. Der Text sollte durchaus Elemente der geschriebenen bzw. der literarischen Sprache enthalten, in deskriptive Passagen sollten Dialoge eingefügt sein, da die Lernenden vorher überwiegend die gesprochene Sprache kennen gelernt haben. Sprache – möglichst lebendig, geläufig – sollte Trägerin von Informationen und nicht überwiegend zum Sprachaufbau entworfen sein, die Texteinheiten selbst sollten nicht zu umfangreich oder gut gegliedert sein. In einem späteren Sprachlernstadium sieht dies, wie andere Beiträge in diesem Band zeigen, anders aus. Sind adäquate, zeitökonomische Lesetechniken früh erworben worden, dann kann man sich auch an längere Texte wagen.

Die Schüler schauen bei literarischen Texten vor allem auf Sachaussagen und Gefühlsbeschreibungen. Wenn die Leser wissen, dass die Sachaussagen von großer Bedeutung für das Verständnis sind, werden sie bei der Lektüre besonders darauf achten, dies um so mehr, als sie zu Recht vermuten können, dass im Text Informationen verborgen sind, die für die Problemlösung relevant sind. Dies trägt erheblich zu einer intensiveren Lektüre bei. Indirekt wird dann auch die Sprache besonders gut angeschaut, da sie ja Träger von wichtigen Informationen ist. Der Text wird in jedem Detail sehr ernst genommen und die Formulierungen auch mit entsprechenden Vorstellungen verbunden.

Kurzkrimis

Eine Textgattung, für die die geschilderten Aspekte in besonderer Weise zutreffen, sind Kurzkrimis. Ihre Schwierigkeiten sind überschaubar, die Sprachformen gemischt, und noch dazu wecken sie die Neugier der Leser. Eine Spezialform der Kurzkrimis sind die „enigmi polizieschi“. Bei ihnen wird in einem sehr frühen Stadium die Problemstellung angegeben, die im Allgemeinen irgendeiner Verbrechensart bei unbekanntem Täter entspricht. So kann z.B. bereits zu Beginn von einem Mord berichtet werden, einem Diebstahl oder von einem Betrug. Aus den Indizien und Aussagen vermag der Leser dann ein Puzzle zusammenzusetzen, um die ursprüngliche Situation, in der das Verbrechen geschah, zu erschließen. Der Autor führt daher die Aussagen verschiedener Personen, Zeugen oder Verdächtiger an, wobei es gilt, in ihren Worten irgendeine Inkonsequenz, irgendeinen Widerspruch zu entdecken. Da einer von ihnen der Täter ist, schließt einen solchen Text im Allgemeinen eine Frage ab, die eine Aufforderung an den Leser enthält. Die Schüler betrachten den Text aus der Perspektive des Detektivs oder des Kommissars. Eine intensivere Textlektüre als bei Kurzkrimis lässt sich kaum vorstellen. Daher sind sie besonders gut für die Einführung in die Lektüre literarischer Texte geeignet.

Zwei Beispiele mögen genügen: Während eine Frau in der Küche arbeitet, kommt ihr ehemaliger Mann, der aus dem Gefängnis entwichen ist, und bittet sie, ihn im Haus zu verstecken. Wenig später erscheint ein Kommissar, der etwas ahnt, und verwickelt die Frau in ein längeres Gespräch, in dessen Verlauf sie unter anderem nebenbei erwähnt, dass sie keinen Alkohol trinke. Da er aber im Regal eine Flasche Whisky sieht, schließt er, dass sich noch jemand in der Wohnung befindet. Dieses Detail wird natürlich zunächst nicht als Indiz genannt. Der Leser hat es selbst zu finden. – Oder: Eine Frau ist ermordet worden. Drei Männer, die sie einige Zeit vorher in ihrer Wohnung gesehen hatten, werden vorgeführt und befragt. Die Indizien scheinen zunächst auf die beiden ersten zu deuten. Die Frau wurde mit einer Telefonschnur erdrosselt. Daher fällt der Hauptverdacht auf einen Angestellten einer

Telefonfirma, der zu Reparaturzwecken geholt worden war. Ein Fischer – der dritte Verdächtige –, der dem Opfer wie gewohnt Fische verkauft hatte, verwickelt sich im Laufe des Verhörs in deutliche Widersprüche und verrät sich. Dies hat der Leser zu erschließen.

Die Schüler sollen den Text möglichst flüssig lesen und dabei die Informationen, die darin enthalten sind, aufnehmen. Es ist aus mehreren Gründen unvorteilhaft, wenn die Schüler sich Wort für Wort langsam durchkämpfen müssen und der Inhalt aufgrund des vielen Nachschlagens nicht bewusst aufgenommen wird. Die Aufmerksamkeit ist dabei auf Textentschlüsselung und nicht auf Aufnahme des Inhaltes gerichtet. Nach der Sicherung des Textverständnisses ist daher nochmals auf eine stille inhaltliche Lektüre zu achten. Die Motivation ist durch die lange Phase der Wortschatzklärung und sprachlichen Erläuterungen gefährdet. Der Text, der eigentlich motivieren sollte, vermag durch die ausgedehnte sprachliche Klärung die ihm zugedachte Funktion nicht zu erfüllen. In einem solchen Falle können uns die Medien wertvolle Hilfestellung leisten. Bilder z.B. tragen dazu bei, den Text sprachlich vorher zu entlasten und inhaltlich vorzubereiten. Das schafft einen Erwartungshorizont, der in der kommenden Textlektüre die Aufmerksamkeit beim Textverstehen fokussiert und dadurch das Verstehen erheblich erleichtert.

Die Vorgehensweise kann folgendermaßen aussehen:

Wir stellen zunächst das Bild in den Mittelpunkt unserer gemeinsamen Arbeit und bitten die Schüler zu äußern, was sie in diesem Bild wahrnehmen. (1. Schritt) Wir sammeln also die Eindrücke, die die Schüler vortragen. Auf diese Weise wird man eine recht genaue Vorstellung dessen erhalten, was die Klasse bzw. der Kurs sprachlich bereits beherrscht. Erfahrungsgemäß werden die Schüler beim Verbalisieren der Bilder an ihre sprachlichen Grenzen stoßen. Die im Bild dargestellte Welt (Gegenstände, Handlungen, Gefühle etc.) ist oft dichter, detaillierter, umfangreicher und hat andere thematische Schwerpunkte, als es das bisher Erlernte zu formulieren gestattet. Das bedeutet, dass die Schüler versuchen werden, auch Dinge, Handlungen usw., die im bisherigen Unterricht noch nicht verbalisiert wurden, in der Fremdsprache zu benennen. Sie werden sie umschreiben, allgemein ausdrücken, mit einfachen Synonymen angeben. Diese kurze Zeit der Verlegenheit ist der geeignete Augenblick für den Unterrichtenden, sprachliche Hilfen zu geben und die entsprechenden *termes techniques* zu benennen. (2. Schritt) Zweckmäßigerweise geschieht das mit Wörtern und Ausdrücken, die auch im später zu lesenden Text auftauchen, der einen engen thematischen Bezug zum besprochenen Bild hat. Die folgende Textlektüre wird also auf diese Weise vorbereitet und eventuell auftretende Schwierigkeiten werden gemindert. Dieser zweite Schritt kann ohne häusliche Vorbereitung durchgeführt werden. Er verlangt allerdings vom Unterrichtenden, dass er sich die eventuell zu erfragenden Dinge, Handlungen, Haltungen auf ihre variabel zu handhabenden Formulierungsmöglichkeiten hin vorher anschaut. Um die Schüler beim Beschreiben des Bildes und beim Formulieren zu unterstützen, kann man ein syntagmatisches Vokabular anbieten (3. Schritt), es während der gemeinsamen Bildbetrachtung oder für die selbständige Arbeit zusätzlich zum Bild liefern, evtl. im Anschluss an das Bild. Ein solches Hilfsmittel wird die Formulierfähigkeit und gleichzeitig auch das Einbringen von Ideen sehr fördern.

Es ist in diesem Zusammenhang angebracht, ganz kurz auf die Unterschiede zwischen einem alphabetisch angeordneten Vokabular und einem syntagmatischen Vokabular hinzuweisen. Das einsprachige Wörterbuch leistet für das Formulieren, also für die Sprachproduktion nur sehr beschränkte Dienste. Es ist für den Schreibenden im Grunde nur im Hinblick auf die Orthografie von Vorteil, die er so absichern kann. Vorteilhafter ist für die Förderung des Formulierens schon ein zweisprachiges Wörterbuch. Allerdings ist dessen Benutzung manchmal mit einem erheblichen Risiko verbunden, da der Schreiber zwischen verschiedenen Angeboten für einen Begriff zu wählen hat und oft sein Vorwissen einbringen muss. Ein syntagmatisches Vokabular dagegen ist im Allgemeinen thematisch geordnet. Der Schüler kann daher leichter seine thematisch orientierten Ideen, seine Sachaussagen in die Fremdsprache umsetzen. Bei einem syntagmatischen Vokabular stehen die Wörter in typischen Kollokationen, d.h. es werden z.B. eine Reihe von Verben (im Infinitiv) mit einem oder mehreren typischen Objektanschlüssen gebracht. Wenn das Subjekt fehlt oder wenn mehrere Subjektmöglichkeiten angegeben werden, sind die Anwendungsmöglichkeiten offener. Die Schüler haben zu suchen, worauf das Syntagma sich bezieht. Das fällt zwar im Allgemeinen nicht allzu schwer; dennoch ist die Eigenleistung größer. Wichtig ist also, dass die Schüler nicht Einzelwörter, die mühsam zu kombinieren wären, lernen, sondern gleich idiomatische, stilistisch gute Ausdrücke anwenden. Allerdings sollten die Vorgaben die Schüler auch nicht gängeln. Eine gewisse Entscheidungsfreiheit muss gesichert sein. Vollständigkeit wird damit indes nicht beabsichtigt. Die überschaubare Zusammenstellung sprachlicher Möglichkeiten ist für visuelle Lerntypen ganz besonders vorteilhaft. Bis zu einem gewissen Grade ist es sinnvoll, das syntagmatische Vokabular thematisch nach der Aufeinanderfolge der Fragen anzuordnen. Sicher können damit auch inhaltliche Anregungen verbunden sein. Allerdings sollte man in dieser Hinsicht gerade bei Kurzkrimis nicht zu weit gehen, damit nicht unter Umständen die Selbständigkeit beim Suchen nach der Lösung gestört wird.

Die Fragen, die man bei der Bilderklärung stellt, sind – neben dem bereits erwähnten Zusammentragen der Beobachtungen der Schüler – relativ allgemeiner Natur. Man wird nicht erwarten können, dass das Bild allein bereits die Lösung bietet. Meistens wird dagegen bereits die Art des Verbrechens, ja oft der Problemstellung sichtbar. Wichtige Personen – ohne Vollständigkeitsanspruch –, ihre Funktionen, bisweilen auch eine gewisse vordergründige Charakteristik werden vorgeführt. Dennoch enthält auch nach der Textlektüre das Bild oft ein oder mehrere Details, die für die Lösung des Falles hilfreich sein können. Es lohnt sich dann, wenn nach der Textlektüre der Fall noch nicht geklärt ist, das Bild nochmals zu betrachten. Ein Detail, das vorher keinen Sinn bei der Tätersuche ergab, wird sich dann plötzlich doch als von entscheidender Bedeutung erweisen. Die Fragestellungen bei der Bildbesprechung sollten im Allgemeinen einige fundamentale Elemente der Vorgänge umfassen: Ort; Personen, ihre (Grob-)Charakteristik, ihre Beziehungen; die eventuelle Problematik, die sich aus der Sachbeschreibung und den Personalia ergibt. In diesem Stadium – also nur nach der Bildbetrachtung – nach der Lösung zu fragen dürfte meistens zu früh sein.

Das genannte Verfahren – Bilderklärung mit Lehrerhilfe – kann natürlich sehr variiert werden. Wenn man eine solche Bilderklärung einige Male im Unterricht durchgeführt hat und die Schüler die Möglichkeiten, die das syntagmatische Vokabular bietet, gesehen haben, kann man eine solche Bildbeschreibung auch als Hausaufgabe machen lassen. Um vergleichbare Resultate zu erhalten, die man im Unterricht besprechen kann und auch, um den Schülern strukturierende Anregungen zu geben, kann man allen die gleichen Fragen stellen oder, bei Benutzung einer Schulausgabe, die Fragen unter den Bildern benutzen. Die Schüler können dann in ihrem Wörterbuch zu Hause den einen oder anderen Ausdruck des syntagmatischen Vokabulars nachschauen und dann schriftlich eine Bildbeschreibung verfassen bzw. die Problemstellung angeben. Sie haben damit die Ausgangslage und den Rahmen des zu lesenden Textes formuliert, die Lektüre vorbereitet.

Was die Durchnahme des zum Bild gehörenden Textes anbelangt, so bieten sich verschiedene Möglichkeiten an, die allgemein bekannt sind. Sie brauchen deshalb nur kurz genannt zu werden.

1) Der Text wird von den Schülerinnen und Schülern still gelesen und zu verstehen gesucht. Da ein wichtiger Teil des Vokabulars bereits erklärt ist und die Problemstellung angesprochen worden ist, dürften die Schüler unter Berücksichtigung der Technik des inferierenden Lesens im Verstehen des Textes sehr weit kommen.

Der kleine Rest des unbekannten Vokabulars wird im gemeinsamen Gespräch geklärt.

2) In einer leistungsschwächeren Lerngruppe mit noch nicht gefestigter Aussprache hört man den Tonträger (evtl. auch Lehrer, Assistenten usw.), während die Schüler still mitlesen. Dann wird eine Stillarbeitsphase angefügt, wobei sich die Schüler auf den Inhalt konzentrieren. Auch hier kann der (kleine) Rest des unbekannten Vokabulars im gemeinsamen Gespräch geklärt werden.

3) Natürlich kann man den Text auch als Hörtext (bei geschlossenem Buch) anbieten. Dann kann das gemeinsame Gespräch zunächst ohne Lese-

textgrundlage geführt werden. Die Schüler tragen zusammen, was sie verstanden haben, wobei man vor allem auf den Überblick und die großen Linien achtet. Dieser Stoff wird geordnet und nacherzählt. Bei einem zweiten Anhören werden i.a. die noch vorhandenen Lücken geschlossen. Es ist nicht ratsam, zu viele funktionslose Details zu erfragen. Die Lektüre des Textes kann danach den Abschluss bilden.

4) Die Textlektüre und -klärung wird von den Schülerinnen und Schülern im Rahmen einer Hausaufgabe durchgeführt, im Unterricht werden die Resultate dann verglichen bzw. besprochen.

Bei den „enigmi polizieschi“ steht am Ende meistens eine Frage, die als Ausgangspunkt für die gemeinsamen Überlegungen dienen kann. Um das Gespräch in der Lerngruppe anzuregen, kann man die Schüler bitten, selbst Fragen zu stellen, um der Lösung näher zu kommen. Bei Hausaufgaben empfiehlt es sich aus Gründen der bereits angeführten Vergleichbarkeit, Fragen, die für alle gleich sind, beantworten zu lassen. Bei der Neudurchnahme im Unterricht ist es günstiger, freier zu verfahren und sich von vorgegebenen Fragen zu lösen. Allen sollte die Möglichkeit gegeben werden, ihre persönlichen Meinungen und Vermutungen zum Ereignis, das im Text beschrieben wird, zu äußern.

Da Kurzkrimis oft szenischen Charakter haben und viele orale Elemente enthalten, ist es nach der Durchnahme möglich, die Texte auch spielen zu lassen. Bei Elternabenden kann man einen oder mehrere vorführen.

Canzoni

Was wir über die Möglichkeit, die Kurzkrimis auch als Hörtexte anzubieten feststellten, gilt *mutatis mutandis* für alle Hörverstehenstexte, wobei die *Canzoni* eine im Unterricht besonders beliebte und häufig verwendete Textsorte darstellen, die methodisch allerdings manchmal Schwierigkeiten bereitet, da die Texte oft nicht auf Anhieb zu verstehen sind.

Die Methode orientiert sich vor allem an Hörverstehensübungen; je nach Schwierigkeit der *Canzone* – wobei die sprachliche Komponente (Lexik und Strukturen), die Schnelligkeit und Deutlichkeit des Singens, das Zurücktreten bzw. die Dominanz der Begleitung, die Qualität der Aufnahme eine Rolle spielen – sind sechs verschiedene Verfahren der unterrichtlichen Präsentation möglich:

1) Bei keinerlei Schwierigkeiten des Verstehens: sofortiges Hören der *Canzone*.
2) Bei noch unerfahrenen Lerngruppen und erwarteten Verständnisschwierigkeiten: Hören der *Canzone* bei gleichzeitigem Lesen des Textes.
3) Hören der *Canzone* verbunden mit dem Lesen des entsprechenden Lückentextes.

4) Textvorgabe bei vertonten Gedichten.
5) Vorentlastung durch Klärung zentraler Vokabeln, falls Verständnisschwierigkeiten erwartet werden und das Gewicht auf der Textarbeit liegt.
6) Inhaltsangabe bei inhaltlich schwierigen *Canzoni*.

Die beiden letzten Varianten sind letztlich nur Spielarten der ersten, da sie den Weg zur jeweiligen *Canzone* über unvorbereitetes (1) oder vorbereitetes (5 und 6) Hören wählen, während die drei anderen Verfahren den Zugang gleichzeitig über das vorgelegte Schriftbild oder sogar nur über dieses suchen. In der Praxis dürfte das Lückentextverfahren (3) kaum vorkommen, da es bei dem lebensvollen Ganzen einer *Canzone* doch etwas allzu Technisches, um nicht zu sagen Gekünsteltes hat. Es steht dabei weniger „die Botschaft" der *Canzone* im Vordergrund als vielmehr etwas isoliert Formales, eben das Ausfüllen von Lücken. Dazu kommt, dass sich nicht alle Schwierigkeiten im Voraus berechnen lassen und der Nutzen in keinem vorteilhaften Verhältnis zum Arbeitsaufwand steht. Damit soll allerdings nicht in Abrede gestellt werden, dass den Schülern mithilfe des Lückentexts bestimmte canzonespezifische Ausspracheeigentümlichkeiten sichtbar gemacht werden können. Ähnlich dürfte die oben erwähnte vorausgehende Textanalyse (4) eine Ausnahme bilden. Wenn man sich für die Reihenfolge Textanalyse – Hören entscheidet oder entscheiden muss (z.B. wegen der zu großen Hörverstehensschwierigkeiten), ist es angebracht, dann nach der erwarteten Art der Musik zu fragen, nach Rhythmus, Grundstimmung usw. Die formulierte Hörerwartung der Schüler wird dann mit der gehörten Fassung konfrontiert, die auf diese Weise bewusster aufgenommen wird. Bei dem Mitleseverfahren (2) ist die Gefahr recht groß, dass der musikalischen Seite – wenigstens zunächst – nicht hinreichend Aufmerksamkeit gewidmet wird. Selbst wenn die Definition des Chansons[2] den Text gegenüber der Musik etwas betont – bei vielen *Canzoni* der Genueser Schule, aber auch die der Mailänder und z.T. auch der Römer ist es ähnlich wie beim Chanson –, so ist diese Komponente zur Sinnerfassung ein unverzichtbares Element. Deshalb sollte das Mitleseverfahren nur durchgeführt werden, wenn die Höraufnahme mit ihren zwei Spielarten nicht zum Ziele führen kann. Bei ihr ist der Schüler der Situation des Muttersprachlers am nächsten und erfährt auch die Kombination von Aussage und musikalischer Gestaltung am unmittelbarsten. Manche *Cantautori* entwerfen beides gleichzeitig. Im Italienischunterricht dürften im Gegensatz zum Französischunterricht wegen der i.a. geringeren sprachlichen Voraussetzungen besonders die Verfahren (5) und (6) angewendet werden. Bei dem häufig bevorzugten Verfahren (1) – sofortiges Anhören der *Canzone* – ist natürlich nicht davon auszugehen, dass die Klasse sofort stets alle Details verstanden hat. In Gemeinschaftsarbeit können Teile erschlossen werden, indem man vom Sinn des Ganzen, von markanten Versen, evtl. dem „ritornello", von Schlüsselwörtern, von Wortstämmen usw. auf das noch nicht Verstandene schließt, ein Verfahren, das wir wie oben angeführt „inferierendes Hören" nennen. Nach funktionslosen Details sollte man nicht fragen. Günstig dagegen ist es sicherlich, in einem fortgeschrittenen „Erhellungsstadium" die *Canzone* nochmals vorzuspielen, um sie als verstandene Einheit zu präsentieren.

Im Übrigen eignen sich die sechs verschiedenen Vorschläge – mit den hier genannten Einschränkungen – recht gut für die Behandlung von einzelnen *Canzoni*. Allerdings wird heute eine *Canzone* entweder in Kombination mit anderen, eventuell themengleichen oder chronologisch angeordneten *Canzoni* oder auch in Kombination mit einem Sachtext oder literarischen Text oder schließlich auch als textliche bzw. thematische Ergänzung oder Kontrastierung in einem landeskundlichen Dossier verwendet. Viele *Canzoni* spiegeln die individuelle Reaktion des *Cantautore* auf Zeitereignisse oder gesellschaftliche Verhältnisse und sind meist mit persönlichem Engagement verbunden. Dies bringt in ein Dossier, das Statistiken, Dokumente, Zeitungsartikel u.dgl. enthält, neue Perspektiven und vermag auf die menschliche Ebene gesellschaftlicher Phänomene zu verweisen. So vorteilhaft in mehrfacher Hinsicht die Aufnahme von *Canzoni* in ein landeskundliches Dossier ist, so sehr ist davor zu warnen, sie als direkte landeskundliche Quelle zu benutzen. Als fiktionaler Text ist die *Canzone* eine persönliche Reaktion oder ein Appell, der in der Kombination mit Sachtexten eine interessante Perspektivierung, Relativierung und Ergänzung darstellt. Bei der Auswahl wird man darauf achten, dass er möglichst typisch für die Gattung ist, damit der Schüler eine Reihe von Gattungsspezifika daran lernen kann. Wenn sich z.B. die *Canzone* „Lontana è Milano" von Antonello Venditti (vgl. Anhang), in der etwas von der Gefühlswelt eines süditalienischen Arbeiters in der Hauptstadt der Lombardei wiedergegeben wird, in einem Dossier befindet, das Mailand bzw. das Leben in einer Industriestadt Norditaliens zum Thema hat, können folgende Wörter bereits vorgekommen sein: *la nebbia* (typisch für Mailand im Winter), *il padrone*, *guadagnare*, *il ritorno*, *far fortuna*. Die Kenntnis weiterer Basiswörter wie *lontano, la terra, su, giù* u.a. kann nach dem 2. Lernjahr vorausgesetzt werden, so dass die Schüler keine Schwierigkeiten beim Hören haben dürften. Man darf bei einer solchen kontextuellen Einbettung der *Canzone* mit sprachlichen Erleichterungen rechnen und vor allem einen schnelleren Zugang zum Inhalt erwarten. Die sprachliche und inhaltliche Vorentlastung (vgl. Verfahren 5 und 6) wird bis zu einem gewissen Grad durch die thematisch orientierten Sachtexte geleistet. Sehr groß ist dabei auch der Vorteil für die Besprechung der *Canzone*. Die Besprechungssprache wurde bei der Analyse der vorausgehenden Texte entwickelt, so dass jetzt nur noch für die musikalische Komponente (und unter Umständen für die poetische Funktion) einige Ausdrücke angefügt werden müssen, um die Möglichkeiten der Schüler, sich zu der in Frage kommenden *Canzone* zu äußern, zu vervollständigen. Die einzelne *Canzone* ist in einem solchen Dossier nicht mehr isoliert, sondern steht in sprachlicher und thematischer Hinsicht in einer engen Wechselbeziehung zu den anderen Texten.

Die Minimalform eines solchen Vorgehens stellt die Verknüpfung eines einzelnen Prosatextes mit einer *Canzone* mit gleicher Thematik, aber möglichst konträrem Standpunkt dar. Es ist im Allgemeinen sinnvoll, mit dem weniger markierten Text zu beginnen. Der Prosatext wird zuerst interpretiert, seine Aussage beschrieben, die sprachliche „Machart" analysiert, evtl. eine/zwei Übungen zur Wortschatzerweiterung angefügt und so die Basis für eine erfolgreiche, nicht zu kleinliche, zerpflückende Besprechung der Canzone gelegt. So kann man z.B. die ersten Seiten von Enzo Biagi: *Italia*[3] kombinieren mit „Un italiano" von Toto Cutugno (vgl. Anhang). Im ersten Text wird auf humorvolle, leicht ironische Weise sichtbar gemacht, dass es unmöglich ist, „den" Italiener zu definieren. Biagi illustriert das Eigengewicht der Provinzen in mehrfacher Hinsicht (z.B. was die Küche anbelangt, die Haarfarbe, die Sprache, Dialekte usw.). Die beiden ersten Sätze, sowie deren „kulinarische Klimax" (*neppure lo spaghetto ci unisce*) widersprechen der These, dass es Dinge gäbe, die alle Italiener kennzeichneten. Bei der Besprechung des ersten Textes kann man Wortfelder entwickeln zu „Verschiedenheit" und zu dem Gegenteil „Gleichheit", „Ähnlichkeit", „Einheit" usw. Die landeskundliche Komponente kann mit einem Exkurs in die Geschichte erweitert werden. Bei der *Canzone* wird dann mehr oder weniger mühelos der Versuch des *Cantautore* verbalisiert werden können, eine Anzahl von Charakteristika für „den" Italiener zu bestimmen. Es ist im Allgemeinen sinnvoll, vom weniger markierten Text zum stärker markierten zu gehen. Im vorliegenden Falle dient ein wissenschaftlicher oder landeskundlicher Text als Vergleichsbasis für den poetischen Text. Dass solche konträren Thesen hervorragende Sprechanlässe darstellen, versteht sich von selbst.

Um den Schülern die Gattung der modernen italienischen *Canzone* vorzustellen, beschränkt man sich am besten nicht auf ein Beispiel, sondern zeigt verschiedene Realisierungsmöglichkeiten. Am besten ist dafür eine Unterrichtsreihe mit *Canzoni* geeignet, die die *Canzone* selbst zum Thema haben: auf diese Weise lernen die Schüler verschiedene *Cantautori* kennen; sie können Anspruch und Realisierung vergleichen und erfahren verschiedene Spielarten der Gattung. Die Schwierigkeiten der Entwicklung der Besprechungssprache bei einer Unterrichtseinheit über *Canzoni* lassen sich durch die Benutzung von Sekundärliteratur beheben, wie z.B. durch die Benutzung von Literaturkritiken in Zeitschriften und Zeitungen, Kommentaren von Aufführungen, Berichten über Neuerscheinungen usw. Mit solchen Texten können verschiedene Arten des Vortrages, der sprachlichen Gestaltung, der Autorintention, der Orchestrierung usw. anhand von sprachlichen Vorbildern verbalisiert werden. Die Methoden sprachlicher Arbeit zur Kompetenzerweiterung sind bekannt: Unterstreichen und Lernen des jeweils in den Texten vorkommenden Besprechungswortschatzes unter Berücksichtigung von Syntagmen; Bilden von Periphrasen, Definitionen, Synonymen, Antonymen; Arbeiten mit Wortfamilien und Einsetzen des gefundenen Vokabulars in Mustersätze; Schaffen von Sprechanlässen; Formulieren von Diskussionsfragen, um das Gelernte selbständig anzuwenden. Das neue Vokabular wird gesammelt, zusammengestellt und in syntagmatischer Form niedergeschrieben, damit es immer wieder zur Verfügung steht. Allerdings fehlen für die Beschreibung der musikalischen Komponente den Schülern oft die sprachlichen Mittel. In einem solchen Falle kann man sie für ihre sprachlichen Formulierungsversuche aus einem größeren Angebot das Richtige auswählen lassen. Hervorragende Sprechanlässe, sichere und schnelle Semantisierungsmöglichkeiten und gleichzeitig motivationsfördernde Variationsmöglichkeiten bilden die Vorteile von themenbezogenen Bildern, Vignetten oder Bildgeschichten, wie man sie immer in italienischen Zeitschriften findet. Abschließend sei noch auf die Methode des Vergleichs hingewiesen. Dieser sollte sich auf alle Ebenen der *Canzone* (Musik, Aussage, Form usw.) beziehen. Allerdings sollte man trotz einer gewissen Schwerpunktbildung von einer letztlich untrennbaren Einheit der *Canzone* ausgehen, vom sinnergebenden Zusammenspiel der verschiedenen Elemente.

Gedichte

Für welche Methode der Gedichtinterpretation sich der Unterrichtende auch entscheidet, er kann sich und der Lerngruppe die Arbeit erleichtern, wenn er der Behandlung der Poesie zwei Stufen vorschaltet, in denen einmal die Sprache der Interpretation entwickelt und zweitens die Einsicht in die Analyse poetischer Texte gefördert wird. Als Vorstufe kann man u.a. mit Werbetexten beginnen, anhand derer die Schüler mit sprachlichen Mitteln (Lautmalerei, Reim, Symbolik, assoziative Bildsprache usw.) bekannt gemacht werden, die ihnen auch in Gedichten, dort allerdings mit anderer Zielsetzung, begegnen. Als nächste Stufe vor den inhaltlich dichten poetischen Texten können *Canzoni* eingesetzt werden, die ebenfalls poetische Ausdrucksmittel wie Bilder, Symbolik, Lautmalerei, gezielte Wiederholungen usw. enthalten. Sie können dabei bereits eine beachtliche Dichte erreichen. Lange ist die italienische *Canzone* weithin unbeachtet geblieben. Und doch hat seit etwa vier Jahrzehnten hinter dem gleißenden und banalen Vordergrund eine Entwicklung begonnen, die man in Abwandlung eines Titels von H. Lindner[4] *‚La canzone italiana' zwischen Schlager und ‚poésie pure'* nennen könnte. Neben den Vertretern des Showgeschäftes nimmt die Zahl der *Cantautori* mit Anspruch auf Qualität zu, obwohl sich beides nicht unbedingt gegenseitig ausschließen muss. Diese Niveausteigerung hängt auch ein wenig mit der beruflichen Ausbildung einiger *Cantautori* an der Universität oder am Konservatorium zusammen, wie es z.B. bei Roberto Vecchioni, Fabrizio de André oder Angelo Branduardi der Fall ist. Francesco Guccini hat sogar eine Professur für Literatur inne. Von erheblicher Bedeutung ist auch die Rezeption des französischen Chansons in Italien geworden. So hat F. de André eine Reihe von Chansons von G. Brassens übersetzt, die zusammen mit denen von L. Ferré und J. Brel auf die genuesische Gruppe von *Cantautori* wie Luigi Tenco, Umberto Bindi und Gino Paoli einen großen Einfluss ausübte. Bei dem hohen Wert der Texte einer Reihe von *Canzoni* kann man diese qualitativ durchaus an die Seite von poetischen Texten stellen. Das bedeutet in didaktischer Hinsicht, dass man vorteilhaft mit einigen *Canzoni* die Behandlung von Lyrik vorbereiten kann. Die Besprechungssprache, aber auch die Einsicht in die poetische „Machart" kann anhand von *Canzoni* entwickelt und dann auf Gedichte angewandt werden.

Gerade bei der Behandlung von Gedichten hat der Unterrichtende ein vielseitiges Repertoire an Methoden zur Verfügung. Es gibt sehr viele, gedicht- und lerngruppenspezifisch anwendbare Einstiegsmöglichkeiten. Wir können hier alle diejenigen Verfahren mehr oder weniger übergehen, die methodisch von einem vorliegenden, zu lesenden Text ausgehen. Dies trifft vor allem für komplexe oder abstrakte Gedichte zu. Für den Zugang über das Hörverstehen eignen sich vor allem Gedichte, in denen eine Handlung beschrieben wird oder ein leicht erkennbarer Dialog enthalten ist, so dass die Schüler dem Gedankengang leicht folgen können. Zum Einstieg kann man aber auch eine Kontrastgattung wählen oder einen parallelen Kontrasttext entwerfen, wie dies in der Didaktik des Französischen schon mehrfach gemacht wurde z.B. von Heribert Rück.[5] Man kann auch Ideen, Bilder, Entwürfe, Vorschläge zu einem Thema sammeln (oder in Gruppenarbeit entwerfen) und sie dann zu einer Handlungs- oder Dialogfolge zusammensetzen. Dieses Gebilde, das im Allgemeinen in Prosa verfasst sein dürfte, kann dann mit einem themengleichen Gedicht verglichen werden. Im Allgemeinen wird sich irgendeine überraschende Wendung ergeben, während das kreative Schülerprodukt doch wohl berechenbar sein dürfte.

Gedichte sprechen oft in Bildern, weniger in Begriffen. Dieses Faktum lässt sich sowohl inhaltlich als auch zum Aufbau der Metasprache sehr gut für die Gedichtinterpretation auswerten. Haben wir ein themengleiches oder paradoxerweise ein kontrastgebendes Bild, so können wir es beschreiben lassen und dabei die Wörter einfließen lassen, die im folgenden Gedicht vorkommen und eventuell noch unbekannt sind. Auf diese Weise werden die Schüler das Gedicht dann flüssiger lesen können: Das Bild wird beschrieben, ohne dass die Schüler das Gedicht bereits gelesen haben. Ist im Gedicht ein Überraschungseffekt wie z.B. im französischen „Le dormeur du val" von A. Rimbaud, so wird dieser für den Schluss aufbewahrt. Geht man nun nach der Bildbesprechung zur Behandlung des Gedichts über, so kann man zunächst – damit die Pointe des Gedichtes später voll zur Geltung kommen kann – die letzte Zeile abdecken oder das Gedicht bis auf die letzte Zeile auf Folie schreiben. Die Schüler haben zu Beginn den Eindruck, das Gedicht sei die verbale Umsetzung des Bildes, bis sie die überraschende Wendung bemerken, die dann um so stärker wirkt. In jedem Fall, also auch wenn keine Schlusspointe vorhanden ist, sollten die Charakteristika des Gedichts mit denen des Bildes verglichen werden. Wo sind Übereinstimmungen, wo Unterschiede? Hat man dies gesehen, lässt sich die Aussage beider Kunstwerke jeweils leichter einsehen. Natürlich benutzt man dabei ein Vokabular, das die Beziehungen zwischen den Figuren, die Atmosphäre, die Absicht des Künstlers, den Eindruck auf den Betrachter usw. ausdrückt. Dieses Verfahren, das Medien, Spracharbeit, Kreativität und Interpretation miteinander verbindet, lässt sich mit vielen Bildern, durchaus auch Kunstwerken anwenden. Gleichzeitig hat man, wenn es sich z.B. um italienische Malerei handelt, die im Übrigen auch in den beiden letzten Jahrhunderten Hervorragendes geschaffen hat, einen kleinen bescheidenen Beitrag zu einem Einblick in ein Gebiet geleistet, das dem Sprachunterricht oft verborgen bleibt. Vor einem Missverständnis sollten wir uns allerdings dabei hüten: Ein Gedicht nur als Landschaftsgedicht, also als eine realistische Wiedergabe objektiver Gegebenheiten darzustellen. Das wäre meist eine Verengung der Bedeutung der diversen Sinnebenen, der Symbolhaftigkeit, wie wir sie oft in der Poesie antreffen. Insgesamt gesehen haben wir hier ein wichtiges didaktisches Feld mit hoher sprachlicher und nicht zuletzt metasprachlicher Bedeutung vor uns. Dieser Schatz sollte noch in einer fächerübergreifenden Zusammenarbeit gehoben werden.

Anmerkungen

1 Vgl. Hannelore Rüttgens, „Pourquoi ces chansons?“, in: *Französisch heute*, 8 (1977), S. 99-107, hier S. 102.

2 Vgl. Harald Weinrich, „Interpretation eines Chansons und seiner Gattung“, in: *Die neueren Sprachen*, 59 (1960), S. 153-167, hier S. 135. (Wieder abgedruckt in: H.Weinrich, *Literatur für Leser*, Stuttgart 1971, S. 124-136.)

3 Enzo Biagi, *Italia*, Milano 1975, S. 11-15.

4 Vgl. H. Lindner, „Zwischen Schlager und ‘poésie pure’: das literarische Chanson in Frankreich“, in: *Zeitschrift für französische Sprache und Literatur*, 82 (1972), S. 116-140.

5 Vgl. Heribert Rück, „Poetische Texte im Unterricht der Sekundarstufe II“, in: *Praxis des neusprachlichen Unterrichts*, 1974, 2, vgl. dazu auch: Norbert Becker/Heribert Rück: „Ein Textvorschlag: Le voleur“, in: *Französisch heute*, 1977,4, S. 185-191, Norbert Becker: „Ein Textvorschlag: Un noyé“, in: *Französisch heute*, 1979, 3, S. 205-209, und Norbert Becker/Uschi Üpping, „Ein Textvorschlag: L'attaque du train“, in: *Französisch heute*, 1980, S. 57-60.

Antonello Venditti, „Lontana è Milano"

Lontana è Milano, dalla mia terra
2.000 miglia più al Sud.
La nebbia non c'è, la pioggia nemmeno
lontana è Milano dalla mia terra.
Lontana è la casa del mio padrone
2.000 treni più al Nord
guadagnano la fame sognando il ritorno.
Lontana è la casa del mio padrone
la gente parte per far fortuna
2.000 sogni più in su, i vecchi
son stanchi, le donne di aspettare
i treni fischiano un addio.

(*L'orso Bruno*, 1972)

Toto Cutugno, „Un italiano"

Lasciatemi cantare, con la chitarra in mano
Lasciatemi cantare, sono un italiano.

Buongiorno Italia
di spaghetti al dente
un partigiano come presidente
con l'autoradio sempre nella mano destra
e un canarino sopra la finestra.
Buongiorno Italia
con i suoi artisti
con troppa America sui manifesti
con le canzoni con l'amore, con il cuore
con più donne sempre meno suore.
Buongiorno Italia, buongiorno Maria
con gli occhi pieni di malinconia
Buongiorno Dio, lo sai che ci sono anch'io.

Lasciatemi cantare, con la chitarra in mano
Lasciatemi cantare una canzone piano, piano
Lasciatemi cantare perché ne sono fiero.
Sono un italiano, un italiano vero.

(*Holiday in Italy*)

LIDIA COSTAMAGNA

Utilizzazioni didattiche delle canzoni nell'insegnamento dell'italiano come lingua seconda

La presentazione e l'utilizzazione didattica di testi autentici orali e scritti in un corso di lingua seconda, è spesso la fase finale di una ricerca continua che l'insegnante opera nella realtà che lo circonda. È importante, infatti, per lo sviluppo di una competenza comunicativa globale, che lo studente prenda conoscenza della realtà socio-culturale del paese di cui studia la lingua, ed è compito quindi dell'insegnante individuare le strategie didattiche più idonee per mettere gli studenti a contatto con i diversi aspetti di tale realtà.

I testi autentici, specialmente gli articoli giornalistici e i notiziari radiofonici, spesso utilizzati come test per lo sviluppo della comprensione o delle diverse funzioni del linguaggio quali narrare, descrivere, discutere, ecc., se legati a fatti di cronaca, invecchiano rapidamente e vanno quindi rinnovati frequentemente, affinché gli studenti siano stimolati alla comprensione di testi che riguardino argomenti di attualità. La canzone è un esempio di testo autentico che può invece essere facilmente sfruttato in classe, anche se datato. Possiede, inoltre, un'attrazione che pochi altri testi possono avere e, coinvolgendo gli studenti emotivamente, li stimola ad accostarsi a una produzione musicale a loro poco nota o sconosciuta.

Essa, quindi, quale testo autentico prodotto in un determinato periodo storico porta ad una prima conoscenza, anche se parziale e non approfondita, della società e delle sue problematiche poiché è anche veicolo di lingua e di cultura.

Proporre canzoni italiane moderne diventa spesso un'esigenza dell'insegnante d'italiano a stranieri quando si accorge che per alcuni studenti, provenienti da svariati paesi, la produzione musicale italiana si è fermata a „O sole mio“ o a „Torna a Surriento“, o che canzoni quali „Il ragazzo della via Gluck“ o „Nel blu dipinto di blu“ siano ritenute traduzioni e arrangiamenti di canzoni straniere. La canzone va pertanto conosciuta anche negli aspetti più recenti per non trasmettere un'immagine antiquata e non più rappresentativa della realtà italiana.

Utilizzare canzoni di periodi diversi della storia italiana può essere interessante anche per un'analisi del linguaggio dei testi, che evidenziano come esso sia cambiato con il passare degli anni e quanto differenti siano gli argomenti proposti dalle canzoni d'amore o da quelle di protesta.

Integrare le „normali“ esercitazioni di un corso di lingua con l'ascolto di canzoni è stato considerato principalmente come un momento di svago da offrire agli studenti. In effetti, nella maggior parte dei casi, ascoltando una canzone e a volte cantandola, gli allievi ne ricevono un'impressione positiva che determina un approccio gradevole allo studio della lingua, accrescendo la loro motivazione e favorendone la partecipazione. Spesso, però, questo breve e piacevole intervallo tra un'esercitazione e l'altra non permette loro nemmeno di comprendere le parole di cui la canzone è composta.

In questo modo si riescono a sfruttare solo alcune delle potenzialità che la canzone può offrire nell'insegnamento di una lingua. Questo veicolo dilettevole e di accesso immediato, infatti, può essere anche sfruttato per lo sviluppo e l'approfondimento della competenza linguistica e comunicativa degli studenti.

L'ascolto di una canzone, quindi, diventa un ottimo pretesto per ben predisporre gli studenti all'apprendimento di nuove strutture linguistiche o all'esecuzione di esercitazioni di rinforzo ritenute, qualche volta, noiose.

La curiosità di conoscere e comprendere il contenuto di una canzone accresce la loro motivazione e facilita l'acquisizione di nuovi elementi linguistici. Pertanto, prendendo spunto dal contenuto, dalle strutture grammaticali, dal lessico, dai foni di cui è composta la canzone, si possono sviluppare attraverso opportune esercitazioni, la competenza comunicativa e quelle morfologico-sintattica, lessico-semantica, fonetico-fonologica e grafemico-scrittoria.

La scelta delle canzoni da parte dell'insegnante, quindi, oltre che basarsi sull'importanza che una canzone ha avuto nella storia della società italiana, deve anche tenere conto delle possibilità che il testo offre per essere sfruttato didatticamente. Le canzoni dei cantautori italiani sono forse le più adatte allo scopo perché riservano grande importanza al testo che, introducendo problematiche sociali, offre di solito ottimi spunti per la discussione. Naturalmente la scelta sarà determinata anche dal tipo di classe a cui proporre l'esercitazione e quindi dall'età degli studenti, dai loro interessi, dal paese di origine, dal livello di lingua raggiunto.

La canzone può essere utilizzata in classi di diverso livello di conoscenza della lingua a seconda delle difficoltà non solo grammaticali e lessicali, ma anche di comprensione che il testo presenta (l'interpretazione del/della cantante, la sua pronuncia, il ritmo, la velocità di esecuzione).

Una volta individuati i testi che più di altri permettono di essere utilizzati in classe, l'insegnante procede alla preparazione di esercitazioni utili allo sviluppo e all'apprendimento della competenza linguistica e comunicativa, partendo dall'ascolto di un testo cantato. Il testo di una canzone, infatti, al pari di altri, può offrire diverse modalità di utilizzazione, questo dipende anche dalle abilità che l'insegnante intende sviluppare in quel momento del processo glottodidattico.

Comprensione del testo

La comprensione del testo di una canzone può essere valutata attraverso esercizi di varia natura tenendo conto di come questa sia più complessa di quella di un testo non cantato, specialmente ai primi livelli di studio della lingua. La musica, infatti, agisce come elemento di disturbo e il ritmo che il cantante segue nella sua interpretazione è diverso da quello normalmente utilizzato nella lingua parlata. La discriminazione uditiva e la comprensione sono rese più difficoltose a causa dell'allungamento dei suoni, la durata delle pause o la debolezza dei suoni vocalici in fine di parola.

Ad un primo entusiasmo degli studenti, all'idea di esercitarsi sul testo di una canzone, potrebbe seguire dopo l'ascolto un senso di frustrazione provocato dalla mancata comprensione. È necessario, quindi, graduare il materiale a seconda delle classi e, per far sentire gli studenti a proprio agio, fornire spiegazioni e avvertenze sulle tappe e sugli scopi dell'esercitazione che dovranno eseguire. Inoltre, prima dell'ascolto della canzone l'insegnante, a sua discrezione, può dare brevi notizie sull'interprete, sulla canzone e sul periodo in cui è uscita ed ha avuto successo, specialmente per quelle canzoni che presentano problematiche socio-culturali.

Prendiamo ad esempio „Il ragazzo della via Gluck" (1966) di Adriano Celentano, una canzone i cui contenuti sono ancora oggi attuali: il rapporto uomo-ambiente e le conseguenze dell'urbanesimo:

Il ragazzo della via Gluck

Questa è la storia di uno di noi,
anche lui nato per caso in via Gluck
in una casa fuori città...
Gente tranquilla che lavorava!
là dove c'era l'erba...ora c'è
una città
e quella casa in mezzo al verde ormai
dove sarà
Questo ragazzo della via Gluck
si divertiva a giocare con me,
ma un giorno disse: «Vado in città!»
E lo diceva mentre piangeva
io gli domando: «Amico, non sei contento!
Vai finalmente a stare in città!»
Là troverai le cose chc non hai
avuto qui!
Potrai lavarti in casa senza andar
giù nel cortile!

«Mio caro amico – disse – qui sono nato
e in questa strada ora lascio il mio cuore!
Ma come fai a non capire....
È una fortuna per voi che restate
a piedi nudi a giocare nei prati
mentre là in centro io respiro il cemento!»
Ma verrà un giorno che ritornerò
ancora qui...
e sentirò l'amico treno che
fischia così «wa wa».
Passano gli anni...ma otto son lunghi,
però quel ragazzo ne ha fatta di strada,
ma non si scorda la sua prima casa,
ora coi soldi, lui può comperarla...
Torna e non trova gli amici che aveva,
solo case su case...catrame e cemento!
Là dove c'era l'erba...ora c'è
una città
e quella casa in mezzo al verde ormai
dove sarà!
Non so, non so
perché continuano a costruire le case
non lasciano l'erba [4 volte]
e no se andiamo avanti così,
chissà come si farà!

Dopo un primo ascolto della canzone, finalizzato ad un approccio con il testo e con il suo significato, gli studenti vengono invitati ad analizzare le frasi che compongono il test „Vero o falso" che successivamente dovranno eseguire.

Vero o falso	V	F
1. Questo ragazzo è nato in una casa in periferia. 2. Il ragazzo lascia la sua casa senza problemi. 3. Il ragazzo dice agli amici che sono fortunati a poter giocare nei prati. 4. Dopo otto anni il ragazzo torna in via Gluck. 5. Il ragazzo trova una città al posto del prato.		

Si può prevedere poi un secondo ascolto perché gli studenti possano meglio orientarsi e decidere se le affermazioni che compongono il test, sono vere o false. La correzione dell'esercizio, con l'aiuto dell'insegnante, fa sì che gli studenti familiarizzino con il testo della canzone e può essere eseguita facendo riascoltare solo quelle parti che sono riprese nel test „Vero o falso" o consultando il testo scritto della canzone che gli studenti vedono, in questo momento, per la prima volta.

Questa esercitazione, adatta soprattutto agli studenti che sono ai primi livelli dello studio della lingua, permette loro di fare una scelta senza doversi esprimere oralmente. Anche se il test potrebbe essere eseguito dagli studenti giocando sul caso, e quindi le risposte esatte potrebbero non dimostrare l'effettiva comprensione, l'esercitazione è senz'altro utile ai fini di un orientamento per la comprensione globale del testo.

Se gli studenti, dopo questa prima esercitazione, non hanno ancora consultato il testo scritto, si può proporre un esercizio di completamento del testo mentre si riascolta la canzone:

Questa è .... di uno di noi,
anche lui .... per caso in via Gluck
in una .... fuori città.
Gente .... che lavorava!
la dove c'era l'erba ora c'è
una città
e quella casa in .... al verde ormai
dove sarà!
...

La correzione dell'esercizio eseguita insieme all'insegnante, o autonomamente controllando le parole sul testo integrale, permette agli studenti di riconoscere quelle parole che, anche se note, sono sfuggite durante l'ascolto e di approfondire la conoscenza del testo.

L'esercizio ha anche lo scopo di verificare la capacità di discriminazione e la competenza ortografica raggiunta dagli studenti che, in alcuni casi, si trovano a dover scrivere parole mai sentite prima o di cui non conoscono il significato. Le parole mancanti nell'esempio precedente, quindi, non cadono regolarmente e secondo criteri numerici e prestabiliti.

A seconda della lingua materna degli studenti si possono scegliere testi che contengano determinati suoni. Ad esempio scegliendo una canzone con alcune parole con i suoni / tʃ / e /dʒ /il testo di completamento sarà particolarmente adatto per studenti germanofoni, con / v / e / b / per studenti ispanofoni.

Una volta eseguito il test di comprensione o di completamento, gli studenti di solito chiedono all'insegnante di spiegare il significato delle parole sconosciute. Un modo per esaudire la richiesta potrebbe essere quello di chiedere loro di individuare nel testo della canzone („Il ragazzo della via Gluck") i sinonimi di alcune parole:

1. casualmente (r.2)
2. abitare, vivere (r.14)
3. scendere (r. 17 / 18)
4. ha raggiunto il successo, ha fatto carriera (r.30)
5. non si dimentica (r.31)

Oppure di individuare la frase che abbia lo stesso significato di quella proposta in corsivo, dando la possibilità di scegliere fra tre ipotesi.

1. questa è la storia di uno di noi, anche lui nato per caso in via Gluck

a) è la storia di un ragazzo nato casualmente in via Gluck
b) non è un caso se il ragazzo è nato in via Gluck
c) è la storia di un ragazzo nato in una casa in via Gluck

2. potrai lavarti in casa senza andar giù nel cortile

a) potrai lavarti in casa e andare poi in cortile
b) se non accetti di lavarti in cortile potrai farlo in casa
c) potrai lavarti in casa invece che fuori

3. passano gli anni..., ma otto son lunghi, però quel ragazzo ne ha fatta di strada

a) sono passati otto anni e quel ragazzo ha fatto carriera
b) quel ragazzo ha camminato molto durante questi otto anni
c) il ragazzo lavora da otto anni in un'impresa che costruisce strade

Competenza morfologico-sintattica

La canzone può essere, per l'insegnante, un buon pretesto per introdurre argomenti grammaticali nuovi o per riprendere strutture già note, e attraverso esercizi di flessione, di completamento, di trasformazione, ecc. controllarne e rafforzarne l'acquisizione.

Canzoni come „Il ragazzo della via Gluck" possono essere sfruttate per affrontare l'uso del discorso diretto e indiretto.

1. Trasformate dal discorso diretto al discorso indiretto:
„Mio caro amico“ – disse – „qui sono nato e in questa strada ora lascio il mio cuore! Ma come fai a non capire, è una fortuna per voi che restate a piedi nudi a giocare nei prati, mentre là in centro io respiro il cemento. Ma verrà un giorno che ritornerò ancora qui e sentirò l'amico treno che fischia.“

Il mio amico mi disse che lì era nato ....

„Il cielo in una stanza“ (1960) di Gino Paoli, canzone molto nota e apprezzata ancora oggi

[...]
io vedo il cielo sopra noi
che restiamo qui
abbandonati
come se non ci fosse più
niente, più niente al mondo.
[...]

può essere utile per introdurre la spiegazione del congiuntivo imperfetto e trapassato oppure, nel caso in cui questo sia un argomento già noto, per verificarne l'acquisizione attraverso esercizi che riprendano la struttura presente nella canzone. In questo modo gli studenti sono facilitati a ricordare la forma grammaticale.

...restiamo qui abbandonati come se non (esserci) ci fosse più niente, più niente al mondo...

1. Tu devi comportarti come se non (accadere) .... niente.
2. Mi ha salutato come se (partire) .... per un lungo viaggio.
3. Stai calmo! Mangi come se (morire) .... di fame.
4. Anche se hai due giorni di vacanza, studia come se (dovere) .... andare a scuola!
5. Ha pagato la cena a tutti i presenti come se (vincere) .... alla lotteria.

-

„Ragazzo mio“ (1964) di Luigi Tenco (cantautore molto amato ed apprezzato, le cui canzoni trattano soprattutto di problemi esistenziali e sociali) offre l'opportunità di esercitarsi sull'uso dell'imperfetto e del passato prossimo indicativo:

Ragazzo mio,
un giorno ti diranno che tuo padre

aveva per la testa grandi idee
ma in fondo, poi, non *ha concluso niente.*
Non devi credere, no, vogliono far di te
un uomo piccolo,
una barca senza vela;
[...]

1. Completate le frasi con l'imperfetto e il passato prossimo:
Esempio: Tuo padre (avere) aveva per la testa grandi idee ma non (concludere) ha concluso niente.
1. (io-essere) .... stufo di mentire così (io-decidere) .... di dirgli tutta la verità.
2. (lui-andare) .... a lavorare sempre con l'autobus ora (lui-comprarsi) ...... una macchina.
3. Mario (credere) ...... di avere sempre ragione, ma poi (lui-rendersi conto) .... che tutti possono sbagliare.

L'uso delle preposizioni può essere controllato partendo da un testo come „Bandiera bianca" (1980) di Franco Battiato in cui si parla di *occhiali da sole*:

C'è chi si mette degli *occhiali da sole*
per avere più carisma e sintomatico mistero.
Uh, come è difficile restare padre quando i figli crescono
e le mamme imbiancano.

e riprendere così alcuni usi della preposizione „da" insieme a quelli della preposizione „a":

1. Ho bisogno di un fazzoletto ..... naso.
2. Mi devo comprare una macchina ..... scrivere.
3. Saprebbe dirmi dove posso trovare un telefono ..... gettoni?
4. Devi ascoltarlo perché parla ..... esperto!
5. Che ne dici di comprare un televisore ..... colori?
6. Hai finito di fare la valigia? Sì, mi manca solo lo spazzolino ..... denti.

Competenza lessico-semantica

La canzone può essere anche utilizzata per controllare e ampliare la competenza lessico-semantica. Prendendo spunto dal vocabolario di cui è composta la canzone si possono sviluppare esercitazioni che prevedano tra l'altro l'uso dei modi di dire, degli eufemismi, delle interiezioni, dei suffissi e dei prefissi, ecc. Gli studenti possono anche essere stimolati a riflettere sulla relazione semantica esistente tra le parole (sinonimi, antonimi, omonimi, iperonimi), sulla loro formazione o sulle varietà diafasiche della lingua.

„La guerra di Piero“ (1962) di Fabrizio De André:

Se gli spari in *fronte* o nel *cuore*
soltanto il tempo avrà per morire
ma il tempo a me resterà per vedere
vedere gli *occhi* di un uomo che muore
[...]
dentro *le mani* stringevi il fucile
dentro *la bocca* stringevi parole
troppo gelate per sciogliersi al sole [...]

offre l'opportunità di esercitarsi sui modi di dire con le parti del corpo umano. Agli studenti viene richiesto di individuare, all'interno del testo, le parole che indicano le parti del corpo umano e di inserirle opportunamente in alcune frasi. (La spiegazione scritta tra parentesi può sostituire il modo di dire).

1. Si è sempre guadagnato/a la vita *col sudore della* ..... (*col duro lavoro*).
2. È successo tutto *in un batter d'* ..... (*in un attimo*).
3. Giulia è una donna *alla* ..... (*simpatica, affabile*) e mi piace, perché non si dà delle arie.
4. Che profumino! Che cosa hai cucinato? *Ho l'acquolina in* ..... (*mi è venuta voglia di mangiare qualcosa*).
5. Questa è una decisione che non posso prendere a ..... leggera (senza riflettere).
6. Non lo dire a nessuno, ti prego! *Acqua in* ..... (*mantieni il segreto!*)

„Non ti sopporto più“ (1987) di Zucchero con l'espressione „mi hai rotto il blues“:

Non ti sopporto più davvero
perché *mi hai rotto il blues* a me
non ti sopporto più sicuro
perché mi hai preso il blu del ciel.
Se tu mi amassi un po' di più
e camminassi coi piedi al suolo
credi mi sentirei
un altro uomo e un po' meno solo!

permette di introdurre il discorso sull'uso degli eufemismi, sul loro valore stilistico e sulla loro funzione sociale. Chiedendo agli studenti di collegare le parole della colonna di destra con le espressioni a sinistra:

1. noioso	a) di età avanzata, anziano, di una certa età
2. vecchio	b) non vedente, privo della vista
3. povero	c) prostituta, una di quelle
4. cieco	d) non molto vivace
5. morire	e) di modeste condizioni
6. paga	f) compenso
7. puttana	g) di colore
8. becchino	h) impresario pompe funebri
9. avaro	i) passare a miglior vita
10. sordo	l) malato di mente
11. pazzo	m) parsimonioso
12. negro	n) privo dell'udito, non udente

o di inserire le espressioni (*agente di custodia*, *amicizie particolari*, *bagno*, *collaboratrice familiare*, *coltivatore diretto*, *netturbino*, *portabagagli*, *un male incurabile*) al posto delle parole in corsivo:

1. Suo padre lavora *come secondino* ..... in un carcere.
2. Era malato di *cancro* ..... e non c'è stato più niente da fare.
3. C'è stato lo sciopero degli *spazzini* ..... e la città è nel caos.
4. Non preoccuparti per me! Le valigie sono pesanti, ma chiamerò un *facchino* ..... non appena arriverò alla stazione.
5. Il problema è sapere se la *donna di servizio* ...... di Mario è disposta a venire anche da noi.
6. Scusi, saprebbe dirmi dove si trova il *gabinetto* ..... ?
7. Sono sicurissima che lui ha delle *amicizie omosessuali* .....
8. Ha smesso di fare il *contadino* ..... per andare a lavorare in fabbrica.

Utilizzando la stessa canzone e partendo dalle parole „sentire" e „rompere" si possono proporre esercizi per arricchire il bagaglio lessicale degli studenti e sensibilizzarli all'utilizzo dei vari registri di lingua:

1. Scegliete tra i verbi elencati quello adatto per sostituire il verbo „sentire" *(apprendere, assaggiare, conoscere, consultare, informarsi):*

a) Vorrei proprio *sentire (.....)* il tuo parere su questa questione.
b) Devi *sentire* (.....) il tuo medico prima di interrompere la terapia.

c) *Hai sentito* (.....) che è morto il padre di Giulia?
d) Perché non vai a *sentire* (.....) se hanno già deciso dove si terrà il convegno?
e) Non so se ho esagerato con il sale sulla pasta. Mi fai il piacere di *sentirla* (.....)?

2. Fate la stessa cosa con il verbo „rompere“ *(annoiarsi, danneggiare, disturbare, fratturare, infrangere, scassinare)*:

a) Sai Gianni? Mi *sono* così *rotta* (.....) alla conferenza del tuo capoufficio! Alla fine non ce la facevo più.
b) Chiara *si è rotta* (.....) una gamba, è per questo che non è venuta a lavorare!
c) Non voglio *rompere* (.....) la tradizione di stare tutti insieme a Natale, ma quest'anno preferirei stare da sola.
d) *Ha rotto* (.....) la macchina irreparabilmente ed ora non sa come fare per andare a lavorare.
e) Ogni volta che mi metto concentrata a lavorare, c'è il mio fratellino che viene a *rompere* (.....).
f) Come hanno fatto i ladri ad entrare in casa? – Semplice! *Hanno rotto* (.....) la serratura della porta.

„Senza fine“ (1961) di Gino Paoli può essere l'occasione per chiarire l'uso di „alla fine“ e „finalmente“. Si può chiedere di completare delle frasi:

1. Ero così stanca che ...... non riuscivo più a seguire la conversazione.
2. Ah, ... sei arrivato! È un'ora che ti aspetto!
3. ..... un po' di pioggia, non riuscivo più a sopportare il caldo!
4. Non voleva andare dal medico ma ..... si è deciso.

o le didascalie di vignette umoristiche:

a. Guarda, cara, ora potrai ..... buttar via quella vecchia tavola per lavare !

b. Ma babbo, sei proprio sicuro che ..... il lupo non si mangiò Cappuccetto Rosso?

c.

d.

Esercizi sulla composizione delle parole possono essere proposti dopo aver ascoltato „Ragazzo mio“ di Luigi Tenco.

[...]
non essere anche tu un acchiappa-nuvole
che sogna di „arrivare“,
non devi credere, no,
non invidiare chi vive lottando, invano,
col mondo di domani.

Partendo dalla parola *acchiappa-nuvole*, formata dalla base verbale *acchiappare* e il nome *nuvole* invitare gli studenti a formare delle parole composte utilizzando basi verbali e sostantivi:

1.	apri	a.	cuore, tappeto
2.	batti	b.	ghiaccio, carne
3.	porta	c.	scatole, bottiglie
4.	para	d.	tappi
5.	spremi	e.	pasta, piatti
6.	spazza	f.	fulmine, lume
7.	gratta	g.	bagagli, cenere, chiavi
8.	trita	h.	noci, sassi
9.	cava...............................	i.	agrumi
10.	scola	l.	cielo, capo
11.	rompi	m.	neve, camino
12.	schiaccia	n.	scatole

„Vengo anch'io. No, tu no!“ (1968), grande successo di Enzo Jannacci, è stato per anni in Italia quasi uno slogan. Se qualcuno chiedeva „Vengo anch'io“ l'altro rispondeva: „No, tu no!“ Questo testo offre l'opportunità di riflettere sulle varietà diafasiche della lingua e quindi su come questa cambi a seconda della situazione in cui viene usata.

Esempio: Al fratello: *Vengo anch'io?*
A una persona sconosciuta: *Scusi, potrei venire con Lei?*

1. A casa: *Mi passi il sale?*
   Al ristorante (al cameriere):
   ....
2. A un amico: *Sbrigati, altrimenti perdiamo l'autobus!*
   A una persona che conoscete da poco:
   ....

3. Al fratello: *Qui si crepa dal caldo!*
   Al professore:
   ....

Competenza fonetico-fonologica

L'aspetto fonetico e fonologico, di solito un po' trascurato nell'insegnamento dell'italiano, può essere affrontato prendendo lo spunto dalla presenza di determinate parole nel testo della canzone, dalla pronuncia particolare di un cantante, dall'uso di varietà diatopiche (specie ai livelli più avanzati dello studio della lingua).

In „Venderò" (1979) di Edoardo Bennato compare la parola „cammino" che viene pronunciata dalla maggior parte degli studenti di lingue di partenza diverse: [ka'mi:no].

Questo può essere il pretesto per insistere sull'importanza della pronuncia corretta delle consonanti geminate italiane e proporre coppie di parole che contengono consonanti semplici e che si oppongono a parole che contengono consonanti geminate:

(il) camino	[ka'mi:no]	(il) cammino	[kam'mi:no]
(la) copia	['ko:pja]	(la) coppia	['koppja]
(le) dita	['di:ta]	(la) ditta	['ditta]
nona	['no:na]	(la) nonna	['nonna]

Agli studenti può essere richiesto di ascoltare le parole per discriminare le differenze, di riconoscerle all'interno di enunciati, di ripetere ogni parola isolatamente e gli enunciati che le contengono, facendo attenzione alla lunghezza delle consonanti.

Con „La guerra di Piero" di Fabrizio De André, partendo dalla parola „fòssi" presente nel testo, che in genere ricorda agli studenti la forma del congiuntivo imperfetto „fóssi", si possono proporre coppie di parole con „ó" ed „ò" all'interno di frasi che lo studente deve leggere facendo attenzione all'esatta pronuncia di / o / od / ɔ /.

1. Se Carla non *imposta* la lettera stasera, non arriverà in tempo.
2. Sono due *conservatori* convinti.
3. Non mi sembra troppo giusta la nuova tassa *imposta* dallo Stato.
4. Se n'è andato come se non *fosse* successo niente.
5. Nella nostra città ci sarebbe bisogno di due *conservatori*.
6. Ho dovuto fare due grandi *fosse* in giardino.

Per l'acquisizione e il rinforzo della competenza fonetico-fonologica della lingua (pronuncia, accento, ritmo e intonazione) è buona abitudine far esercitare gli studenti, specie nel laboratorio linguistico, attraverso l'imitazione di enunciati per favorire il condizionamento dell'orecchio, l'impostazione di nuove abitudini articolatorie e facilitare lo sviluppo della memoria uditiva, generalmente più labile nella L2 che nella Ll.

La ripetizione di frasi non contestualizzate di solito causa negli studenti mancanza di motivazione e conseguenti cadute di attenzione. Utilizzando, invece, le frasi di una canzone si ottengono sicuramente apprezzamenti positivi da parte degli studenti, i quali eseguono l'esercizio dopo aver ascoltato la canzone in cuffia, senza rumori di sottofondo, e senza essere disturbati dalla presenza dei compagni. L'esercitazione viene così svolta con maggiore entusiasmo e partecipazione.

Dopo avere ascoltato la canzone, lo studente viene invitato a ripetere gli enunciati pronunciati da un dicitore (insegnante) senza prendere visione del testo scritto e a prestare attenzione alla pronuncia e all'intonazione.

Si puo utilizzare la ripetizione di tipo regrediente (backchaining) per far sì che lo studente ripeta senza uno sforzo eccessivo di memoria e senza alterare l'andamento melodico degli enunciati.

Caro amico ti scrivo così mi distraggo un po'
....
Ripetete:
mi distraggo un po'
.... (*lo studente ripete*)
ti scrivo così mi distraggo un po'
....
caro amico ti scrivo così mi distraggo un po'
....
(Da: „L'anno che verrà" (1978) di Lucio Dalla)

Anche in questo caso, è necessario scegliere i testi più idonei a questo tipo di esercitazione e tenere conto delle difficoltà linguistiche che il testo propone, in base al livello di conoscenza della lingua degli studenti. Anche la lunghezza dei gruppi ritmici proposti varierà a seconda degli utenti e in base alle difficoltà insite nel testo della canzone.

Terminato l'esercizio di imitazione, gli studenti possono riascoltare la canzone guardando contemporaneamente il testo scritto e, se l'esercitazione è stata svolta nel laboratorio linguistico, lavorare, con concentrazione e secondo il proprio ritmo, sull'esercizio da loro precedentemente registrato. L'ascolto della propria voce e gli interventi dell'insegnante aiutano lo studente ad acquistare gli strumenti per l'autocontrollo e l'autocorrezione della propria pronuncia.

Questa esercitazione viene di preferenza svolta prima e non dopo degli esercizi proposti precedentemente, utili per la comprensione del testo. Anche se svolta dopo, aiuta gli studenti a „staccarsi“ dal testo scritto, in quanto la ripetizione delle frasi viene fatta senza l'ausilio del testo, ma facendo affidamento sull'orecchio, sulla memoria uditiva e sulla capacità di ripetere enunciati senza far ricorso alla grafia (che in alcuni casi può essere un ostacolo e non un aiuto ad una buona esecuzione orale).

Competenza comunicativa

Alcune canzoni sono inoltre il pretesto per poter, in classe, scambiare opinioni su un argomento o per stimolare gli studenti a raccontare un avvenimento.

„W l'Italia“ (1979) di Francesco De Gregori, per esempio, introduce il tema del terrorismo negli anni '70 in Italia:

W l'Italia del *12 dicembre*
l'Italia con le bandiere
l'Italia nuda come sempre
l'Italia con gli occhi aperti nella notte triste
W l'Italia
l'Italia che resiste.

L'argomento può essere sviluppato, leggendo un articolo giornalistico del dicembre 1969 quando accadde un grave attentato terroristico in una banca di Milano, il primo di una serie che sconvolse l'Italia per molti anni, mettendo in pericolo la democrazia stessa. In questo modo si possono chiarire, a quegli studenti interessati, fatti attuali ancora legati agli eventi di quegli anni.

Orrenda strage a Milano

Tredici morti e novanta feriti sono lo spaventoso bilancio di un criminale attentato dinamitardo compiuto ieri pomeriggio nel cuore di Milano, alle spalle del Duomo.

I terroristi hanno scelto come loro obiettivo la sede centrale della Banca Nazionale dell'Agricoltura, in Piazza Fontana 4, «seminandovi», ben mascherata, una carica esplosiva di micidiale potenza. È stata una strage.

L'ora esatta della deflagrazione di Piazza Fontana è rimasta fissata sul grande orologio automatico, alla parete della vasta sala circolare dell'istituto di credito. Le lancette si sono fermate sulle 16.37: bloccate nel loro meccanismo, che regola anche il giorno della settimana e la data, questo tragico venerdì 12 dicembre. È stato l'attimo in cui un tranquillo pomeriggio di lavoro e di contrattazioni di affari si è tramutato in un pomeriggio di morte, di sangue, di lutto.I corpi delle tredici vittime sono stati dilaniati, resi irriconoscibili dalla vampata di fuoco.

Il parere degli esperti artificieri, confortato da quanto si è potuto vagliare in tre ore di meticolose e febbrili ricerche, è che si sia trattato di un attentato al plastico. I dinamitardi hanno usato una carica di esplosivo al plastico gelatinoso. Una carica stimata di circa otto chilogrammi, contenuta in un involucro metallico (forse un grosso barattolo) dello spessore di un millimetro e mezzo, a sua volta acchiuso in una valigetta.

Il terrorista ha deposto il suo mortale bagaglio, dopo essere entrato nella banca confuso tra gli altri clienti, sembra sotto una delle sedie accostate ad un grande tavolo al centro della sala principale.

Innescato l'ordigno e messo in funzione, probabilmente su un tempo brevissimo, il congegno ad orologeria, il criminale ha voltato le spalle e con passo tranquillo – sconosciuto assassino in mezzo ad una folla – se ne è andato, mettendosi in salvo.

(*Corriere della Sera*)

(r. 1) criminale = feroce, inumano
(r. 2) attentato = atto di violenza con cui si tenta di uccidere una o più persone
(r. 2) dinamitardo = fatto con la dinamite
(r. 6) ben mascherata = ben nascosta
(r. 6) micidiale = che provoca la morte
(r. 8) deflagrazione = scoppio violento
(r.14) tramutato = cambiato, trasformato
(r.15) dilaniati = ridotti in pezzi, lacerati
(r.15) irriconoscibili = che non si possono riconoscere
(r.15) vampata = forte calore
(r.17) artificieri = tecnici specializzati nel maneggiare esplosivi
(r.17) confortato = confermato
(r.18) vagliare = considerare bene, esaminare a fondo
(r.18) meticolose = molto curate
(r.18) febbrili = agitate, convulse
(r.19) plastico = tipo di esplosivo
(r.19) dinamitardi = coloro che organizzano e compiono attentati con potenti esplosivi
(r.20) stimata = valutata, calcolata
(r.27) innescato = applicato il mezzo d'accensione a un ordigno esplosivo

La discussione può svilupparsi anche su argomenti meno impegnativi, come ad esempio il sonno e i sogni. Tema che si può affrontare dopo aver ascoltato „Nel blu dipinto di blu“ (1958) di Domenico Modugno in cui si parla di un sogno:

Penso che un sogno così non ritorni mai più:
mi dipingevo le mani e la faccia di blu,
poi d'improvviso venivo dal vento rapito
e incominciavo a volare nel cielo infinito...
[...]

Dite con quali di queste affermazioni siete d'accordo e spiegatene i motivi:	Sì	No	Non so
1. I sogni permettono di analizzare i conflitti e le sofferenze dell'animo umano. 2. Sognare di volare procura grandi sensi di angoscia. 3. Chi la notte non sogna è una persona senza fantasia. 4. Poco prima di addormentarmi tornano nella mia mente cose importanti da ricordare e intravedo soluzioni di problemi. 5. La mattina mi alzo fresco/a e riposato/a con una grande voglia di riprendere le mie attività. 6. Chi fa una vita disordinata e sacrifica il sonno non è mai una persona felice. 7. Il sonno è una perdita di tempo, beato chi riesce a dormire poche ore per notte. 8. Dorme bene chi ha la coscienza tranquilla.			

Competenza grafemico-scrittoria

Altre canzoni possono essere utilizzate per le esercitazioni scritte. „L'anno che verrà“ di Lucio Dalla, che si presenta come una lettera scritta ad un amico, può essere, ad esempio, l'occasione per imparare le formule più adatte per iniziare o chiudere una lettera. (A seconda se si debba scrivere a un amico, a un conoscente o a una persona sconosciuta).

Inizio: *Al magnifico – caro Sig. – gent.mo Sig. – mio caro – egr. Avv.*
Fine: *cordiali saluti – sinceri saluti – con osservanza – distinti saluti – ciao a presto*

Destinatario	Inizio	Fine
1. padrone di casa	....	....
2. rettore dell'università	....	....
3. avvocato	....	....
4. vicino di casa	....	....
5. un/a amico/a intimo/a	....	....

Oppure il modo per esercitarsi sulla forma del „tu" e del „Lei", facendo volgere il testo di una lettera dal „tu" al „Lei".

Caro Luciano, ti scrivo per informarti che fra due settimane capiterò a Bologna...

Gent.mo Sig. Luciano, Le scrivo per informarLa che fra due settimane capiterò un giorno a Bologna...

o il pretesto per chiedere di ricomporre il testo di una lettera:

ed ora ho l'intenzione di proseguire/ mia scuola per due anni/ i miei studi/ Mi chiamo Claude Bérard/ sono uno studente/ Ho studiato l'italiano nella/ canadese/ in Italia.

....
....
....
....
....

Il testo di una canzone può essere anche l'occasione per imparare a scomporre le parole in sillabe, quando si scrive un testo:

Battendo a macchina questo testo sono stati commessi degli errori nello scomporre le sillabe. Correggeteli:

„Nato ai bordi di periferia dove i tram non vanno avanti più, dove l'aria è popolare è più facile sognare che guardare in faccia la realtà.
Quanta gente giovane va via a cercare più di quel che ha forse perché i pugni presi a nessuno li ha mai resi e dentro fanno male ancor di più. Ed ho imparato che nella vita nessuno mai ci dà di più, ma quanto fiato quanta salita andare avanti senza voltarsi mai."

„Adesso tu" (1986) di Eros Ramazzotti

Le canzoni, quindi, attraverso esercitazioni finalizzate allo sviluppo della competenza linguistica e comunicativa diventano un piacevole pretesto che rende l'apprendimento della lingua più motivato, facilitandone l'acquisizione.
Esse, inoltre, permettono agli studenti di entrare in contatto, attraverso un linguaggio agile e diretto (specialmente quello dei cantautori), con la realtà socio-culturale italiana.
La canzone può essere utilizzata nelle classi, non solo come gioco o intervallo musicale, ma anche come pretesto per l'esercitazione linguistica che renda lo studio della lingua più gradevole ed efficace.

Bibliografia

Ankli, R./Burri, P. (1985) (a cura di): *Cantautore Republic. Die italienischen Rockpoeten-Texte und Materialien*, Basel: Lenos Verlag.

Aragozzini, A. (1990): *Enciclopedia del Festival di Sanremo,* Milano: Rusconi.

A.A.V.V. (1982): *La canzone italiana,* Milano: Gruppo editoriale Fabbri.

Baldazzi, G. (1989): *La canzone italiana del 900,* Roma: Newton Compton.

Baldazzi, G./Clarotti L./Rocco A. (1990): *I nostri cantautori,* Bologna: Thema.

Bandini, F. (1977): „Una lingua poetica di consumo", in: A.A.V.V. *Poetica e retorica,* Padova: Liviana, pp. 189-200.

Becker, N./Holtus, G., (1982): „I cantautori nell'insegnamento: Fabrizio De André", in *Italienisch* 8 (nov.), pp. 62-72.

Borgna, G. (1985): *Storia della canzone italiana,* Bari: Laterza.

Borgna, G. (1986): *Le canzoni di Sanremo,* Bari: Laterza.

Corder S.P. (1973/1983): *Introduzione alla linguistica applicata,* Bologna: Il Mulino.

Costamagna, L. (1990): *Cantare l'italiano*, Perugia: Guerra.

Còveri, L. (1984): „E Modugno volò con parole nuove – La canzone e la lingua italiana I", *Il secolo X.IX*, 14 giugno.

Còveri, L. (1987): „Parole, musica, poesia e oltre", *Italiano e oltre* n.2.

Danesi, M. (1988): *Manuale di tecniche per la didattica delle lingue moderne*. Roma: Armando.

Savignon, S.J. (1983/1988): *Competenza comunicativa: teoria e pratica scolastica,* Bologna: Zanichelli.

NORBERT BECKER / GÜNTER HOLTUS

I cantautori nell'insegnamento: Fabrizio de André

Nota sulla vita del cantautore

Fabrizio de André appartiene alla generazione di mezzo di quei cantautori italiani che si sono imposti indipendentemente dall'annuale Festival di San Remo e che rivendicano per le loro canzoni un livello di appartenenza superiore a quello della musica disimpegnata e di cassetta.

Nasce il 18 gennaio 1940 a Genova da una famiglia benestante. Dopo l'esame di maturità inizia a studiare medicina e giurisprudenza, senza giungere alla laurea. Sotto l'influsso di taluni cantautori francesi comincia invece a comporre poesie e canzoni. Determinanti per la sua formazione sono Georges Brassens, Jacques Brel e Leo Ferré. Anche la lettura di François Villon lascia in Fabrizio de André tracce molto profonde. Vale da esempio *La ballata degli impiccati*, che risente dell'influsso esercitato dalla *Ballade des Pendus*.

De André ha tradotto parecchie canzoni di Brassens: *Le gorille*, *Mourir pour des idées*, *Dans l'eau de la claire fontaine*, *La marche nuptiale*, ecc. Ma l'influenza di Brassens su de André va ben al di là della semplice traduzione: essa si manifesta anche nella ripresa di peculiarità linguistiche, accompagnate da espressioni persino grossolane, tese a produrre un effetto scioccante sull'ascoltatore. Si tratta di un impiego deliberato, ma non fine a se stesso, tramite il quale l'autore tenta di farsi strada nelle pieghe di una superficialità stereotipa, schierandosi dalla parte di un'umanità immediata, naturale, mostrando compassione e simpatia per gli emarginati dalla società. Egli accoglie nel mondo delle sue canzoni anche quegli ambienti (come del resto è abitudine di Georges Brassens) che non godono della reputazione borghese, coloro che hanno sempre la peggio. Questo vale in modo particolare per il protagonista di *Un giudice*. De André descrive in questa canzone le tappe della vita infelice di un uomo, divenuto poi magistrato, la cui crescita si è arrestata troppo precocemente. Di qui la sofferenza causatagli dalla cattiveria della gente. Solo nell'esercizio talora spietato della sua professione egli troverà alla fine una rivincita. Queste immagini negative (che si tratti della vita in città, dei drogati, dei criminali o degli innamorati infelici o delusi), sono soltanto da intendersi come dettagli di uno sfondo in sostanza anche ottimistico, sul quale la naturalezza, l'amore, l'umanità nella sua immediatezza, rendono la vita pur degna di essere vissuta. *Bocca di Rosa,* che ama molti con passione, deve lasciare il paese; in compenso un successo maggiore sotto forma di commosso commiato l'attende nel paese vicino.[1]

Anche per le persone che prendono una „cattiva strada" c'è un po' d'amore, come si dice nell'omonima canzone, ove s'avverte sensibilmente l'influenza di Francesco De Gregori su de André. Per il cantautore la natura costituisce una prodigiosa riserva di immagini, in grado di esercitare un influsso benefico, capace di dare un senso alla vita e di compensare gli aspetti negativi della città.

Le canzoni che Fabrizio de André ha composto dopo il suo trasferimento in Sardegna, dove ha trascorso buona parte dell'anno e dove è stato sequestrato e tenuto prigioniero dai suoi rapitori per diverse settimane, evidenziano ulteriormente questo aspetto. Ci sia qui concesso di ricordare *Verdi pascoli* o *Canto del servo pastore*. Immagini della natura (i fiori ad esempio) servono talora a far da contrasto alla morte; è il caso di *La guerra di Piero*. Si tratta di una contrapposizione che costituisce il motivo principale della poesia „Le dormeur du val" di Arthur Rimbaud nota a Fabrizio de André. La morte fa del resto sovente la sua comparsa nella tematica delle canzoni di de André. Ne sono un esempio *Andrea*, *La guerra di Piero*, *La ballata degli impiccati*, *Sally*, *La ballata dell'amore cieco*, in cui la morte affrontata per la donna amata cessa di incutere paura, o *La collina*, dove il cantautore offre una nuova interpretazione dei motivi presenti in François Villon.

Due altre possibilità di liberarsi dalle tenebre minacciose che avvolgono l'esistenza sono, da un lato, l'umorismo ed una forma di sottile ironia che, prendendo le distanze dalla morsa entro cui le miserie del mondo attanagliano l'umanità, alleggeriscono la pesantezza di una descrizione troppo realistica della vita. Al tempo stesso umorismo ed ironia sono testimonianza di una certa padronanza di sé e di una certa superiorità. Dall'altro lato si aggiunge la componente musicale, che in de André possiede un tono ottimistico di fondo ed una serenità pacata. Il ritmo è in genere veloce e dotato di contrappunti non privi di rapporti con il testo.

Fabrizio de André è morto nel 1999.

Riflessioni didattico-metodiche

Con de André siamo senza dubbio di fronte ad uno dei cantautori italiani più importanti nell'ambito della musica leggera contemporanea. Questo fatto giustifica già di per sé la decisione di scegliere alcune delle sue canzoni come materia di lavoro scolastico. La tematica riesce a destare l'interesse degli alunni; a ciò s'accompagna la qualità indubbiamente buona della sua musica, cui si unisce la gradevolezza della sua voce calda. Il linguaggio impiegato è inoltre comprensibile e, nel contempo, stimolante. Egli stesso, come pure Georges Brassens, accompagna le canzoni alla chitarra nella maggior parte dei casi. L'orchestra ha così un'importanza relativa, sovente scompare mentre de André canta.

Le canzoni di cui facciamo menzione qui di seguito, illuminano diversi aspetti dell'opera di Fabrizio de André: *Il pescatore* riprende un motivo ricorrente nelle ballate e in altre canzoni; *La canzone di Marinella*, una delle composizioni di de André cui è toccata maggiore notorietà, rappresenta con forte tensione il contrasto tra la vita e la morte; *Il cantico dei drogati* affronta uno dei problemi ancora attuali e scottanti, quello dei tossicomani.

È possibile naturalmente far ricorso ad altre categorie per l'ordinamento e la scelta didattica delle canzoni. Si potrebbe ad esempio seguire lo sviluppo cronologico della produzione di de André, prendendo le mosse da *Nuvole barocche* (1958) e giungendo alle canzoni nelle quali spiccano motivi sardi e che sono scritte, talvolta, in dialetto sardo. Si tratta tuttavia di dischi o non reperibili o in vendita da poco nella Repubblica Federale di Germania, oppure di testi troppo difficili sul piano linguistico. Si potrebbe pure pensare ad una scelta guidata da criteri tematici, in cui rientrino ad esempio argomenti come la Sardegna, la città, la morte. È questo un metodo, tuttavia, che dà maggiori risultati nel campo scolastico, quando sia possibile impiegare canzoni di diversi cantautori. Le tematiche si possono in tal caso affrontare da differenti angolature e la gamma di canzoni italiane prese in esame si presenta più ampia. Si consiglia pertanto di procedere adattando il materiale al livello del corso.[2] Sovente un primo ascolto di una canzone può destare l'interesse degli alunni per le ragioni sopra enunciate. Corsi ad alto livello possono forse contare sulla comprensione e sull'analisi di alcuni elementi rilevanti per la canzone. Dopo il primo ascolto si possono porre alcune domande, onde accertare il livello di comprensione raggiunto. Nella maggior parte dei casi il lavoro testuale ha inizio subito dopo il primo ascolto, sì che un secondo o terzo ascolto dell'intero brano consentono poi di concentrare l'attenzione anche sugli aspetti musicali. Da ultimo si può utilizzare la tensione esistente tra testo e musica ai fini dell'insegnamento. Onde evitare perdite di tempo si può assegnare agli allievi la preparazione del testo prima della lezione. L'interpretazione può aver luogo in classe, dopo che si è ascoltato una o più volte il brano, anche in forma di conversazione tra professore e alunni.

Parecchi dischi sono in vendita nella Repubblica Federale di Germania. Il disco o il cd sono preferibili rispetto alla cassetta, dal momento che sovente vi sono allegati i testi.

Il pescatore

1 All'ombra dell'ultimo sole
s'era assopito un pescatore
e aveva un solco lungo il viso
come una specie di sorriso.

Venne alla spiaggia un assassino
due occhi grandi da bambino
due occhi enormi di paura
eran gli specchi di un'avventura.
E chiese al vecchio dammi il pane
ho poco tempo e troppa fame
e chiese al vecchio dammi il vino
ho sete e sono un assassino.
Gli occhi dischiuse il vecchio al giorno
non si guardò neppure intorno
ma versò il vino e spezzò il pane
per chi diceva ho sete e ho fame.

E fu il calore di un momento
poi via di nuovo verso il vento
davanti agli occhi ancora il sole
dietro alle spalle un pescatore.
Dietro alle spalle un pescatore
e la memoria è già dolore
è già il rimpianto di un aprile
giocato all'ombra di un cortile.

Vennero in sella due gendarmi
vennero in sella con le armi
chiesero al vecchio se lì vicino
fosse passato un assassino.
Ma all'ombra dell'ultimo sole
s'era assopito il pescatore
e aveva un solco lungo il viso
come una specie di sorriso
e aveva un solco lungo il viso
come una specie di sorriso.

(Testo e musica di Fabrizio de André)

Vocabolario

2 assopirsi v.rifl.: sonnecchiare, dormire di un sonno leggero
3 il solco: si traccia con l'aratro nel terreno per la semina; riferito al volto: ruga profonda
4 il sorriso: riso leggero, silenzioso e misurato
5 la spiaggia: tratto di costa pianeggiante e sabbiosa. Si va alla spiaggia per prendere il sole, fare il bagno e pescare.
5 un assassino: chi commette un omicidio, chi uccide deliberatamente
8 lo specchio: oggetto d'uso comune per vedersi nel fare toeletta e nell'abbigliarsi; in senso figu rato: ciò che riflette le immagini
13 dischiudere v.tr.: aprire solo in parte
14 neppure avv.: neanche
15 spezzare v.tr.: dividere o rompere in pezzi

20 la spalla: parte del corpo umano tra il braccio e il collo
23 il rimpianto: ricordo nostalgico
24 il cortile: spazio scoperto a piano terra, corte
25 la sella: oggetto (in cuoio) che si mette sul dorso del cavallo per cavalcare

Analisi del testo

1. Riassumete l'avvenimento descritto in questa canzone.

(Un assassino fa improvvisamente la sua comparsa alla spiaggia dove un pescatore siede assopito. Affamato e assetato si rivolge al pescatore chiedendogli pane e vino. Dopo averli ricevuti, fugge velocemente. Segue l'arrivo di due gendarmi che lo inseguono. Alle loro domande il pescatore non fornisce alcuna informazione sull'assassino.)

2. Spiegate i versi 3 e 8. Che cosa significa „avere un solco lungo il viso"? Qual è il valore di „specchi di un'avventura"?

(Qui un solco può significare una cicatrice alquanto pronunciata e grande, anche se non è escluso che solco stia ad indicare le rughe di un viso anziano.
Negli occhi dell'assassino si riflette l'azione orribile che ha compiuto, cioè l'uccisione di un uomo.)

3. Che cosa significano i versi 22-25?

(La memoria è già dolore: il presente è già passato, si rimpiange sempre il passato, si ricorda con rimpianto l'aprile in cui si è giocato in un cortile, il tempo dell'infanzia.)

4. Spiegate l'ultima strofa. Qual è il comportamento del pescatore?

(Sono possibili parecchie interpretazioni: ad esempio, che il pescatore si sia realmente assopito, oppure finga di dormire o sostenga di aver dormito.)

5. Qual è il punto più importante di questa canzone?

(Il punto culminante è „l'incontro" fra l'assassino e il pescatore. In questo momento traspare l'ospitalità del pescatore, che divide il pane ed il vino [motivi tratti dalla Bibbia] con un altro, benché questo sia un malfattore. Solo il suo essere uomo conta per il pescatore. Il conseguente silenzio fa parte di questo atto di umanità.)

6. Come si struttura il testo di questa canzone? Si può dire che le parti identiche hanno lo stesso senso?

(I versi iniziali attirano l'attenzione dell'ascoltatore e sono particolarmente significativi. I primi e gli ultimi quattro versi sono uguali; v'è solo il passaggio dall'articolo indeterminativo a quello determinativo. Diversa pare però la causa del sorriso del pescatore. Se nei primi 3-4 versi egli pare preso dal pensiero di sé, alla fine sembra sorridere dei gendarmi. Ciò viene evidenziato dal ripetersi dei versi. Va inoltre osservato che entro queste due strofe è circoscritta la vicenda di cui è protagonista l'assassino in fuga.)

7. Perché l'autore ha scelto questi personaggi (assassino/pescatore) per la sua canzone?

(Un atto di umanità verso una persona buona, appartenente magari ad un ceto elevato, è molto facile, mentre molto più difficile è assumere un tale atteggiamento nei confronti di un criminale. L'intenzione dell'autore si evidenzia così più chiaramente.)

8. Quale potrebbe essere secondo voi l'intenzione dell'autore?
Come può essere riconosciuta?

(Questo incontro è visto sotto una luce favorevole, persino simpatica [calore di un momento, giorno, citazione biblica (15), ancora il sole, sorriso]. V'è dunque una sorta di suggerimento, di incitamento ad imitare questo gesto umanitario, pietoso anche verso coloro che hanno sbagliato, come l'assassino.)

9. Qual è la prospettiva dell'autore?
Quale ruolo gioca la sua persona in questa canzone?

(L'autore non compare personalmente, la storia viene narrata in terza persona, in maniera apparentemente impersonale, certo non senza una precisa intenzione, come già si è detto sopra. Si vedano le immagini, la composizione.)

10. Si tratta secondo voi di una storia „realistica"?
Riferitevi al testo.

(Si tratta senz'altro di un'azione accompagnata da valore simbolico, di una sorta di parabola inventata dall'autore per illustrare il suo appello. Si veda il modo con cui il testo è costruito, il fatto che l'omicida dica „io sono un assassino". Ciò sarebbe inverosimile da un punto di vista psicologico o realistico, poiché in tal modo il rischio di un rifiuto sarebbe maggiore.)

11. Conoscete opere letterarie che trattino la stessa tematica?

(La tematica è quella dell'umanità senza alcuna riserva, senza restrizioni. Ci sono molte opere, ad esempio romanzi – *La peste* – o novelle – *L'hôte* – di Camus. Tra gli autori italiani ricordiamo *Uomini e no* di E. Vittorini, *La storia* di Elsa Morante, *Il Compagno* di Cesare Pavese.)

12. Qual è la vostra opinione: Non si dovrebbe denunciare un assassino alla polizia? Non potrebbe uccidere un altro uomo?

(Risposta individuale.)

La canzone di Marinella

Questa di Marinella è la storia vera
che scivolò nel fiume a primavera
ma il vento che la vide così bella
dal fiume la portò sopra una stella

Sola senza il ricordo di un dolore
vivevi senza il sogno d'un amore
ma un re senza corona e senza scorta
bussò tre volte un giorno alla tua porta

Bianco come la luna il suo cappello
come l'amore rosso il suo mantello
tu lo seguisti senza una ragione
come un ragazzo segue l'aquilone

E c'era il sole e avevi gli occhi belli
lui ti baciò le labbra e i capelli
c'era la luna e avevi gli occhi stanchi
lui pose le sue mani sui tuoi fianchi

Furono baci e furono sorrisi
poi furono soltanto i fiordalisi
che videro con gli occhi delle stelle
fremere al vento e ai baci la tua pelle

Dicono poi che mentre ritornavi
nel fiume chissà come scivolavi
ma lui che non ti volle creder morta
bussò cent'anni ancora alla tua porta

Questa è la tua canzone Marinella
che sei volata in cielo su una stella
e come tutte le più belle cose
vivesti solo un giorno come le rose
e come tutte le più belle cose
vivesti solo un giorno come le rose.

(Testo e musica di Fabrizio de André)

Vocabolario

Marinella: diminutivo di Marina (dal lat. marinus = marino)
2 scivolare v. intr.: scorrere agevolmente su una superficie liscia, p.es. sulla neve o sul ghiaccio con una slitta. Anche perdere l'equilibrio, sdrucciolare.
7 la corona: ornamento del capo, di metallo prezioso. Simbolo di potere e dignità di un monarca.
7 la scorta: chi accompagna una persona di alto rango per proteggerla
8 bussare v. intr.: picchiare a una porta per farsi aprire
12 un aquilone: giocattolo di carta leggera tesa su un telaio, trattenuto ad un'estremità da un filo, che si innalza e rimane in aria grazie alla forza del vento
14 il labbro m. (rar.), le labbra f.pl.: parte anteriore della bocca
15 stanco agg.: chi ha bisogno di riposo, affaticato
18 il fiordaliso: fiore azzurro, diffuso nei prati e nei campi (Kornblume)
20 fremere v.ass.: tremare di rabbia o di passione
21 la pelle: parte esterna del corpo umano o di un animale, che ricopre la carne e le ossa

Analisi del testo

1. Descrivete la struttura di questa canzone. Qual è la funzione di ciascuna delle parti?

(La prima strofa – 1-4 – riassume la storia e serve al tempo stesso da introduzione. Nei versi 5-24 è narrata la storia di Marinella e del suo amore; l'ultima strofa – 25-30 – ha la funzione di una dedica. I due ultimi versi sono ripetuti e possono essere intesi come una massima conclusiva.)

2. Riassumete la storia di Marinella (5-24).

(Marinella viveva da sola quando nella sua vita è comparso un innamorato. La ragazza l'ha seguito e ne è nato un amore profondo, intenso, ma breve. Mentre faceva ritorno, probabilmente a casa, Marinella è scivolata nel fiume. L'innamorato non l'ha però dimenticata.)

3. Perché l'autore parla di un re senza corona, senza scorta?

(In italiano si usa l'immagine del „principe", per indicare l'innamorato. Il principe è un giovane re, un erede al trono. A Marinella il giovane è apparso come un re.)

4. Spiegate la quarta e la quinta strofa.

(Si tratta di un amore totale e, per così dire, eterno: il giorno e la notte, le stelle e i fiori ne sono testimoni. Per i due giovani, inoltre, il resto dell'umanità si è come dileguato.)

5. Si tratta secondo voi di una storia vera? Che cosa potrebbe significare il primo verso?

(„La storia vera" non è intesa qui in senso letterale, poiché ci sono troppi elementi „non realistici", immaginari, fantastici introdotti dall'autore: il vento portò sopra una stella, volare in cielo, ecc. „vera" è piuttosto una formula poetica che vuol indicare l'importanza di un racconto; inoltre questa espressione si usa in senso figurato, per accentuare la veridicità dei valori e del significato espressi da questa canzone. [28-30])

6. Qual è secondo voi la frase più importante della canzone? Perché?

(La frase più importante della canzone è senz'altro l'ultima, la conclusione che sta ad indicare il senso della storia. L'intera vicenda sembra svilupparsi da questa frase. L'inizio già anticipa elementi, che vengono poi messi in evidenza.)

7. Descrivete la posizione assunta dall'autore in questa canzone.

(Egli comincia a narrare in terza persona nella prima strofa, e dalla seconda si rivolge direttamente a Marinella. Anche l'ultima strofa, là dove vengono espressi concetti generali, conserva questo atteggiamento. L'impiego del „tu" per instaurare un rapporto più reale con il personaggio descritto è del resto procedimento caro a de André.)

8. Cercate i vocaboli e le immagini che si corrispondono in questa canzone. Quale conclusione se ne può trarre?

(Sono soprattutto elementi della prima strofa che si ritrovano nell'ultima e nella penultima; ad esempio: Questa è [1;25] sopra una stella [4], su una stella [26]; scivolò nel fiume [2], scivolavi nel fiume [23]; bella [3;27], stella, stelle [4;19;26]. Inoltre v'è un rapporto tra la quarta e la quinta strofa: baciò [14], baci [17;20]; occhi [13;19]. Questa disposizione crea precisi rapporti tra le varie parti della canzone, in primo luogo all'interno di quelle che, per così dire, circoscrivono il testo, e in secondo luogo anche nell'ambito della sezione centrale [strofe 4-5]. Essa inoltre conferisce alla canzone un'atmosfera unica, genera l'impressione di un mosaico verbale, i cui elementi si corrispondono in maniera singolarissima.)

9. Di quale tipo di testo si può parlare per questa canzone? Perché? Giustificate la vostra opinione.

(Ci sono molti elementi che si potrebbero trovare in una fiaba moderna: gli avvenimenti immaginati, il gioco dei numeri propri della tradizione biblica – tre e cento –, i colori, il personaggio regale, i cento anni ecc.)

10. Descrivete la struttura della canzone.

(Ogni strofa si compone di quattro versi [quartina], fatta eccezione per l'ultima strofa, che contiene sei versi [sestina]. La rima segue lo schema aa bb, si tratta cioè di rima baciata. Il ritmo è vivace, ma non troppo veloce.)

Cantico dei drogati

Ho licenziato Dio
gettato via un amore
per costruirmi il vuoto
nell'anima e nel cuore.

Le parole che dico
non han più forma né accento
si trasformano
i suoni
in un sordo lamento

mentre fra gli altri nudi
io striscio verso un fuoco
che illumina i fantasmi
di questo osceno giuoco.
Come potrò dire a mia madre che ho paura?

Chi mi riparlerà
di domani luminosi
dove i muti canteranno
e taceranno i noiosi

quando riascolterò
il vento tra le foglie
sussurrare i silenzi
che la sera raccoglie.

Io che non vedo più
che folletti di vetro
che mi spiano davanti
che mi ridono dietro.
Come potrò dire a mia madre che ho paura?

Perché non hanno fatto
delle grandi pattumiere
per i giorni già usati
per queste ed altre sere

e chi, chi sarà mai
il buttafuori del sole
chi lo spinge ogni giorno
sulla scena alle prime ore

e soprattutto chi
e perché mi ha messo al mondo
dove vivo la mia morte
con anticipo tremendo?
Come potrò dire a mia madre che ho paura?

Quando scadrà l'affitto
di questo corpo idiota
allora avrò il mio premio
come una buona nota

mi citeran di monito
a chi crede sia bello
giocherellare a palla
con il proprio cervello

cercando di lanciarlo
oltre il confine stabilito
che qualcuno ha tracciato
ai bordi dell'infinito.
Come potrò dire a mia madre che ho paura?

Tu che m'ascolti insegnami
un alfabeto che sia
differente da quello
della mia vigliaccheria.

(Testo e musica di Fabrizio de André)

Vocabolario

1 licenziare v.tr.: far cessare un contratto di lavoro, di un impiego
3 il vuoto: spazio che non contiene nulla
9 sordo agg.: chi non è in grado di sentire
10 il nudo: persona che non porta niente addosso
11 strisciare v.ass.: lo spostarsi di un serpente o di un verme
13 osceno agg.: contrario al senso del pudore e della convenienza, che offende il buon gusto
16 luminoso agg.: pieno di luce, molto chiaro
18 il noioso: chi disturba o molesta, chi dà noia
19 riascoltare v.tr.: ascoltare di nuovo
21 sussurrare v.tr.: emettere un rumore prolungato, leggero e indistinto
24 il folletto: essere soprannaturale piccolo, agile e astuto della tradizione fiabesca popolare
24 il vetro: materiale trasparente di cui sono fatti ad esempio le finestre, gli specchi, i bicchieri, ecc.
25 spiare v.tr.: osservare attentamente e di nascosto
29 la pattumiera: contenitore di plastica o di metallo per la spazzatura, lo sporco, i rifiuti
33 il buttafuori: in teatro, la persona che ha il compito di avvertire gli attori che devono entrare in scena. Anche: nei locali notturni o nelle manifestazioni pubbliche, chi allontana le persone indesiderate.

39 l'anticipo: l'atto di anticipare, cioè di fare qc. prima del tempo fissato o dovuto
39 tremare v.ass.: agitarsi, vibrare, p.es. per il freddo, per la paura o per la febbre
41 scadere v.ass.: giungere al termine
41 l'affitto: si prende in affitto qc., p.es. una casa o un appartamento, per un certo tempo e ad un prezzo determinato
45 il monito: richiamo al dovere, alle proprie responsabilità
47 giocherellare v.ass.: giocare in modo distratto e discontinuo
51 tracciare v.tr.: segnare
57 la vigliaccheria: l'essere vigliacchi, senza coraggio

Analisi del testo

1. Descrivete la situazione generale dei drogati secondo questa canzone.
(È un drogato che parla in prima persona, ma le sue affermazioni hanno certo un valore generale. Egli descrive la disperazione di chi ha imboccato una strada dalla quale non ci si può più allontanare, sulla quale amore, comunicazione verbale, fede, valori umani perdono irrimediabilmente ogni concretezza. Rimangono solo fantasmi, chimere, vani fuochi contraddistinti dalla disperazione e dalla solitudine, dominate entrambe da una paura incontrollata ed incontrollabile.)
2. Spiegate i versi 41-42.
(Il tema della morte è affrontato in toni sconsolati. Il corpo è ridotto ad una povera cosa di cui un giorno scadrà l'affitto. Allora il drogato svolgerà l'unico ruolo positivo possibile: quello di essere un esempio deterrente per gli altri.)
3. Qual è l'atteggiamento dei drogati verso se stessi?
(C'è un atteggiamento di disprezzo, di nausea, di rammarico, di disperazione. Essi non riescono a risollevarsi, a vincere la lotta contro il male che li attanaglia, e precipitano sempre più verso un baratro oscuro.)
4. Qual è la funzione del „ritornello"?
(Il „ritornello" smaschera ogni pretesto, ogni vigliaccheria, ogni orgoglio e debolezza, serve ad indicare l'incapacità dei drogati a comunicare persino con la madre, alla quale, indifesi come bambini di fronte al buio, vorrebbero svelare la paura tremenda che li attanaglia.)
5. Come vengono descritti dall'autore gli effetti della droga?
(Viene descritto un effetto ottico e cerebrale – fuoco, illuminare, fantasmi, folletti di vetro, ecc. – e vi è anche un effetto morale, che si è già descritto sopra.)
6. Qual è l'atteggiamento dell'autore nei confronti del problema della droga? Come tenta di influenzare gli ascoltatori?
(L'autore è contrario alla droga ed usa ogni mezzo a sua disposizione per manifestarlo. Parla in prima persona, assume la posizione di un drogato per riprodurre meglio atteggiamenti e sentimenti di un drogato. Impiega inoltre molti aggettivi per mostrare in maniera indiscutibile le proprie intenzioni. Altrettanto dicasi per le immagini e le argomentazioni prodotte nella canzone. De André fa appello a una vasta gamma di sentimenti presso gli ascoltatori: compassione, pietà, disprezzo, paura, ecc.)

7. Quale potrebbe essere secondo voi l'effetto prodotto da tale canzone?
(Risposte individuali.)*

* Ringraziamo la dottoressa Viviana Cessi (Pavia/Magonza) per la collaborazione nella stesura in italiano dell'articolo e per i suoi preziosi suggerimenti.

Note

1 *Bocca di Rosa* è il titolo di una canzone che narra la storia di una prostituta. *Bocca di Rosa*, questo è il suo nome, deve abbandonare il paese a causa delle maldicenze delle donne nei suoi confronti.
2 Così come si è indicato in *Italienisch* 7, 1982, pp. 52-53.

MARIA CRISTINA TEMPERINI

„Ciak, si legge"

Film e letteratura: una proposta didattica per il primo approccio a testi letterari nell'insegnamento dell'italiano come L2 o L3

Insegnare la lingua e la cultura italiane come L2 o L3 servendosi del film quale mezzo didattico sta diventando a poco a poco una prassi consolidata. Il docente di italiano, infatti, che entra in classe con una videocassetta tra i libri non è più un'immagine rara ed insolita. E questo lo si deve innanzitutto alla produzione del cinema tricolore che, per qualità e quantità, è uno scrigno inesauribile di preziosi materiali; molte sono in verità le pellicole che a seconda del loro genere possono essere impiegate per svariati fini nei diversi livelli di apprendimento della lingua. Alcuni esempi. Il documentario[1] è senz'altro un supporto didattico quasi indispensabile in lezioni di storia italiana moderna a studenti di livello avanzato; le sequenze di alcune pellicole, inoltre, possono essere usate per insegnare a livello medio strutture grammaticali e lessicali;[2] interi film sono un canale privilegiato per far conoscere la realtà sociale e politica[3] o linguistica[4] del Bel Paese; ed infine: da poco è uscita la prima videocassetta di una collana di materiali cinematografici didattizzati per l'insegnamento/apprendimento dell'italiano come lingua straniera.[5]

E per insegnare letteratura? Anzi, per iniziare alla letteratura italiana? Rovistiamo in quel prezioso scrigno della decima musa a cui accennavamo...

Il film *Kaos* di Paolo e Vittorio Taviani è uno dei rarissimi film degli anni '80 (se non addirittura l'unico) che si ricollega direttamente a quel proficuo ed interessante filone di produzione di pellicole „ad episodi" nato nel cinema italiano durante gli anni '50,[6] sviluppatosi negli anni '60 e poi scomparso all'inizio degli anni '70 così improvvisamente da perdersene memoria. „Gli episodi", di cui si componeva ciascuna di queste pellicole, si incentravano tutti intorno ad un unico tema, dichiarato esplicitamente nel titolo stesso del film e svolto da uno o più registi, che ne avevano steso la sceneggiatura per lo più ispirandosi – ed è questo il dato più interessante per noi – ad un testo letterario breve, di solito un racconto o una novella (ma anche qualche volta attingendo alla propria fantasia o ricorrendo a scrittori o sceneggiatori di professione).

Ne sono risultate pellicole di 110/150 minuti in cui le singole parti di 15/20 minuti – dette appunto „episodi" – pur legate tra loro dallo stesso tema, sono indipendenti l'una dall'altra; si può così considerare un episodio come opera compiuta a sé stante e di per sé significativa.

Kaos segue proprio questa linea: è composto da cinque episodi di massimo 30 minuti, tratti da altrettante novelle, non troppo lunghe, di Luigi Pirandello[7] e tenuti insieme da un filo rosso che i fratelli Taviani hanno individuato nella rappresentazione pirandelliana del mondo contadino; ma anche qui ogni singolo episodio, come del resto ogni novella a cui rimanda, vive una sua vita propria e può esser visto e „letto“ da solo.

La brevità dei singoli episodi, il loro legame con testi letterari corti, fanno di *Kaos* e delle altre pellicole ad episodi – di quelle chiaramente di cui esistono in commercio videocassette[8] – mezzi didattici stimolanti, duttili, mezzi che si possono impiegare in classe per iniziare gli alunni alla letteratura in L2 o L3 nella speranza di esorcizzare ogni timore e ogni diffidenza verso questa terra incognita evitando allo stesso tempo quel fenomeno, noto a molti insegnanti, che viene chiamato „Literaturschock“.[9]

II

A tal fine propongo alla riflessione critica dei colleghi un percorso didattico che mira a rendere gli alunni protagonisti attivi di un approccio ludico all'opera letteraria proprio grazie alla presenza della trasposizione filmica dell'opera stessa.

Scelto il brano – racconto o novella che sia – si esortano gli allievi a leggerlo invitandoli a fingersi registi che vogliono trarre dall'opera una sceneggiatura per un film, che vogliono, in altre parole, scandire un testo in sequenze; si suggerisce loro, cioè, di ripercorrere, almeno in parte, quelle operazioni mentali che presumibilmente il regista della pellicola ha già fatto con la sua équipe quando ha iniziato a tradurre il pezzo letterario in film.

Per guidare e facilitare la realizzazione della sceneggiatura, occorre fornire alla classe – divisa in gruppi,[10] in cui un componente funge da regista e gli altri da collaboratori (ognuno secondo le proprie inclinazioni e simpatie personali o da scenografo o da musicista o da addetto alle luci o da costumista) – delle copie di una scheda appositamente preparata (vedere modello scheda in appendice); le voci segnalate su tale foglio, che chiedono per esempio di determinare il tempo e il luogo, di individuare dei personaggi, di trascrivere dei dialoghi, di scegliere le musiche che potrebbero accompagnare un „campo lungo“ o un „primo piano“, danno chiaramente l'idea di ciò che nel nostro caso specifico si intende per „sceneggiatura“[11] e cioè uno scritto che contiene alcune indicazioni essenziali per trasformare un testo narrativo in immagini.

Anche uno sguardo superficiale alle categorie che formano la „nostra“ sceneggiatura tradisce immediatamente una realtà: nessuna delle fatiche per comprendere e penetrare veramente il testo sarà risparmiata agli alunni; cambierà però la loro disposizione psicologica nell'affrontarle e sostenerle. Ogni ostacolo, allora, si rivelerà più facile da superare in vista non tanto di un fine, spesso percepito come astratto e sterile, capire il brano per „gustarlo“ o addirittura solo per dar prova, rispondendo alle domande di verifica, di averlo ben compreso, ma per uno scopo concreto e fertile, creare un altro testo, un testo diverso che fungerà da guida per delle immagini in movimento.

Operazione, questa, non insormontabile per le nuove generazioni che sono venute acquisendo – anche se spesso con un processo di interiorizzazione non consapevole – una certa dimestichezza con il linguaggio delle immagini e i suoi procedimenti, tanto da poterne riprodurre, almeno in parte, alcuni dei meccanismi più semplici.[12]

Quando, per esempio, sotto la voce „inquadratura“ si leggono i termini „campo lungo“ e „primo piano“, non ci si deve spaventare; queste, unitamente ad altre poche parole, formano quella manciata di termini tecnici senz'altro già conosciuti dai giovani e che comunque sono indispensabili per calarsi nella finzione prospettata; probabilmente occorre darne la traduzione nella lingua madre della classe, il tedesco nel nostro caso specifico.

L'uso o meno in una lezione di L2 o L3 della lingua madre è una questione discussa e ridiscussa; per la scelta avranno senz'altro un peso particolare la disposizione interiore dell'insegnante a parlare in L2 o L3, i fini fissati, e, non ultimo, il materiale umano che ci si trova di fronte. Se, essendo tale materiale, nel nostro caso, costituito da allievi del terzo anno con sotto gli occhi per la prima volta un brano letterario in L2 o L3, è realistico pensare che la stesura della sceneggiatura, probabilmente con l'aiuto di un vocabolario bilingue, avvenga in italiano, è utopico invece immaginare che la comunicazione orale tra alunno e alunno, tra professore e alunno non si serva della lingua madre, il tedesco, pena l'afasia.

L'insegnante in questa prima tappa – la più lunga ed impegnativa del nostro percorso (in media 8-10 unità didattiche di 45/50 minuti l'una) – fa leggere ai gruppi il racconto scelto, li guida, adottando le strategie che di volta in volta ritiene più opportune, a capire il significato dei singoli termini e di alcune frasi, a focalizzare le parti o scene in cui si articola il brano, a individuare i tempi e i luoghi nonché le azioni e i personaggi principali, a distinguere i pensieri dello scrittore da quelli delle sue figure, a riconoscere i dialoghi nascosti e le descrizioni indirette. L'insegnante, insomma, prima aiuta a comprendere il racconto e poi indica come meglio imbastire, partendo dalle varie scene del testo, i vari pezzi della sceneggiatura, ma non interviene mai direttamente sulle scelte definitive del gruppo, a meno che queste non si scontrino in modo grossolano ed eclatante con il brano letterario di partenza. Inoltre se nei gruppi, per un caso fortunato, ci sono degli alunni che sanno disegnare, il professore potrebbe invitarli a schizzare, per alcune sequenze, gli sfondi naturali ed architettonici, le sagome, i volti e gli abiti dei personaggi.

Nella seconda tappa il professore e gli alunni guardano più volte l'episodio del film tratto dal testo letterario. Una prima volta senza interrompere la visione per avere un'idea globale della trasposizione fatta dal regista e probabilmente – come dimostrato dall'esperienza – per abituarsi ai suoni (voci, pronunce, rumori) della videocassetta; una seconda volta per cogliere le scene con cui il regista ha costruito la sua opera e infine una terza, in cui uno o più gruppi stendono in italiano la sceneggiatura della pellicola usando come modello la scheda già proposta sopra.

Quasi spontaneamente questa seconda fase si chiude con un confronto, ricco anche di spunti polemici, tra le sceneggiature immaginate dagli alunni, sceneggiatori per gioco, e quella proposta dal regista, professionista del cinema. Chi avrà optato per una sceneggiatura, fedele trasposizione del testo letterario? Chi invece per una, infedele? Come e perché? Sono queste alcune delle tante domande che potrebbero sorgere ad animare i paralleli che non sempre si concludono a favore della versione del regista.

III

Quest'ultimo, del resto, se sapesse di tale mia proposta, potrebbe giustamente indignarsi vedendo la sua opera – che è in ultima analisi un testo con e di immagini in movimento – oggetto di studio da parte di dilettanti e con l'unico scopo di trarne la sceneggiatura. Si può tentare di portare una giustificazione, ricordando che l'utilizzazione del film nel percorso proposto serve solo come pretesto per un approccio ludico al testo letterario. La videocassetta è – metaforicamente parlando – paragonabile, anche se di dimensioni minori, al cavallo di Troia: entra nella lezione di italiano suscitando interesse, curiosità, attese e speranze; dalla sua pancia però escono – accanto ad un puntuale lavoro sul lessico e sulla sintassi prima, e sul parlato e sull'immagine poi – esclusivamente le categorie classiche dell'analisi del testo, in modo da dare agli alunni che leggono opere in L2 o L3 una prima consapevole conoscenza dei meccanismi letterari indispensabili per potersi in seguito avvicinare con più sicurezza al piacere di leggere un'opera di letteratura straniera e, almeno in parte, un film. Che il regista allora ci perdoni?

Non saranno, in fondo, tanti i registi che dovranno dimostrarsi magnanimi nei nostri confronti per due motivi molto semplici: non tutte le videocassette sono facilmente reperibili o sono tecnicamente buone o propongono un italiano parlato standard – o per lo meno con poche forme dialettali o regionali – e non tutti i brani letterari da cui sono stati tratti gli episodi filmici hanno quelle caratteristiche che ne fanno testi adatti al lavoro didattico descritto.

Un racconto o una novella da portare in classe, infatti, è bene che nei suoi elementi narrativi (trama, azioni, personaggi) includa, oltre che dei dialoghi, anche degli indicatori per risalire al luogo e al tempo dell'azione, ai dati somatici, fisici e caratteriali dei personaggi.

Tra i vari modelli a titolo esemplicativo che si potrebbero portare, penso soprattutto alle novelle di Pirandello; lo scrittore girgentino infatti riesce a far vedere, cioè a rendere il più possibile visibile attraverso una minuziosa e puntuale descrizione, ambienti, personaggi e cose. „Le novelle di Pirandello – nota uno studioso – sembrano porsi come stesura rapportabile ad una sorta di scaletta quale base per la trama di un film";[13] ed inoltre producono „stimolazioni capaci di trascinare il lettore e allo stesso tempo atte a tradursi in immagini con esiti coinvolgenti e spettacolari".[14]

Non è dunque un caso che dalle novelle pirandelliane abbiano attinto svariati registi sia nel passato[15] che nel presente, ultimi i fratelli Taviani con il citato film *Kaos*.

Indicazioni utili di videocassette

I
Titolo: Kaos, 1984
Regia: Paolo e Vittorio Taviani
Distribuzione: VideoRai (Fonit Cetra Video)
Contenuto: cinque episodi: *L'altro figlio*, *Mal di luna, La giara, Requiem*, *Colloquio con la madre,* di cui i primi quattro tratti dalle omonime novelle di Luigi Pirandello, in: L. Pirandello, **Novelle per un anno**.

II
Titolo: Ieri, oggi, domani, 1963
Regia: Vittorio De Sica
Distribuzione: General Video
Contenuto: tre episodi di cui uno *Anna* tratto da: Alberto Moravia, *Troppo ricca*, in: **L'automa**.

III
Titolo: L'amore difficile, 1962
Regia: Alberto Bonucci, Luciano Lucignani, Nino Manfredi, Sergio Sollima
Distribuzione: Mondadori Video
Contenuto: quattro episodi: *Le donne*, *L'avaro*, *L'avventura di un soldato*, *Il serpente* tratti rispettivamente dai racconti o novelle:
Ercole Patti, *Le donne* in: **Le donne e altri racconti**
Alberto Moravia, *L'avaro* in: **I racconti 1927-1951**
Italo Calvino, *L'avventura di un soldato* in: **I racconti**
Mario Soldati, *Il serpente* in: **55 novelle per l'inverno.**

IV
Titolo: Boccaccio '70, 1961
Regia: Vittorio De Sica, Federico Fellini, Mario Monicelli, Luchino Visconti
Distribuzione: Mondadori Video

Contenuto: quattro episodi di cui uno *Renzo e Luciana* (M. Monicelli) tratto da: Italo Calvino, *L'avventura di due sposi* in: **I racconti.**

V
Titolo: Tempi nostri, 1954
Regia: Alessandro Blasetti
Distribuzione: Vivivideo
Contenuto: cinque episodi senza titolo di cui tre tratti da:
Vasco Pratolini, *Mara* in: **Diario sentimentale**
Alberto Moravia, *Il pupo* in: **Racconti romani**
Silvio D'Arzo, *Casa d'altri* in: **L'aria della sera**
Chiude la cassetta una „comica finale" con Totò.

VI
Titolo: Questa è la vita, 1954
Regia: Luigi Zampa, Mario Soldati, Giorgio Pastina, Aldo Fabrizi
Distribuzione: Polygram Video
Contenuto: quattro episodi: *La giara, Il ventaglio, La patente, Marsina stretta* tratti dalle omonime novelle di Luigi Pirandello, in: Luigi Pirandello, **Novelle per un anno**.

Scheda per sceneggiatura
Sequenza[16] n.
durata (da ... a ...):

Luogo[17]

Tempo[18]

Personaggi[19]

Azioni[20]

Dialoghi[21]

Musica (rumori, voci)[22]

Luci/Colore[23]

Inquadratura(e)[24]

Movimenti della macchina da presa[25]

Note

1 Mi riferisco alle due collane di videocassette: *Cent'anni d'Italia. Dalla fine dell'800 al miracolo economico*. Antologia fra cronaca e storia, Cinehollywood, Milano 1993 a cura di Renato Cepparo e a: *La storia d'Italia del XX secolo*, Istituto Luce, Roma 1994 per la regia di Folco Quilici e con la collaborazione di Valerio Castronovo, Renzo De Felice, Pietro Scoppola.
2 Vedi il volume a cura di alcuni insegnanti dell'Univerisità per Stranieri di Siena *L'italiano nel cinema* (1992) che si può richiedere all'Università stessa; i materiali video purtroppo non sono tutti facilmente reperibili sul mercato.
3 La lista dei film potrebbe essere lunghissima, ma, limitandoci al cinema dei „giovani registi italiani", citiamo solo come esempi: *Il portaborse* di Daniele Luchetti 1985, *Palombella rossa* di Nanni Moretti 1989, *Stanno tutti bene* di Giuseppe Tornatore 1990.
4 Un classico esempio potrebbero essere *La grande guerra* di Mario Monicelli 1959 o *Mediterraneo* di Gabriele Salvatores 1990.
5 I materiali, curati da un gruppo di ricercatori e docenti dell'Università per Stranieri di Siena coordinato da Cosimo Scaglioso, sono pubblicati presso la casa editrice Lazzeretti di Torino; la prima videocassetta, con fascicolo didattico / esplicativo è dedicata al famosissimo film *Roma città aperta* di Roberto Rossellini 1942.
6 Alessandro Blasetti, il regista di *Altri tempi* 1952 e *Tempi nostri* 1954, dichiara: „/.../ Avevo pensato che ormai si erano svuotate, erano state saccheggiate le riserve del romanzo, del teatro, dell'opera, e restava quella enorme della novellistica, degli atti unici, dei raccontini, che erano spunti inadatti a costruirci su un film. Una riserva ricca e variatissima, da cui si potevano prendere gli spunti più vari, e raccontarli in modo diverso, con ritmo diverso." Da: Franca Faldini/Goffredo Fofi, *L'avventurosa storia del cinema italiano*. Raccontata dai suoi protagonisti 1935-1959 (2 volumi), Milano: Feltrinelli 1979, p. 262.
7 Anche il titolo del film scelto dai Taviani è un omaggio all'autore siciliano: così si chiamava la casa in campagna che Pirandello aveva vicino ad Agrigento.
8 A chiusura della comunicazione sono riportate delle indicazioni utili per reperire alcune videocassette e risalire ai racconti da cui sono stati tratti gli episodi.
9 Parla di „Literaturschock" Harald Weinrich, „Literatur im Fremdsprachenunterricht – ja, aber mit Phantasie", in: *Die Neueren Sprachen*, 82:3 (1983), p. 200-216.
10 Il lavoro in gruppi si è dimostrato il più vantaggioso e proficuo non solo per il motivo che anche nell'ambito della comunicazione sembra valere il motto „piccolo è bello", ma anche perché tra i gruppi si instaura, con più probabilità che tra i singoli, una sana e positiva competività.
11 Per sceneggiatura infatti in senso stretto si intende: „Il testo del film nella sua definitiva forma scritta. Può essere sia il copione su cui lavora il regista, il produttore, gli organizzatori della produzione, i tecnici e gli attori, sia la trascrizione a posteriori della materia che il film contiene /.../. Nella prima accezione – la sceneggiatura di lavorazione – è il risultato di successive elaborazioni del soggetto attraverso diverse scalette e uno o più trattamenti. Di solito si hanno due versioni della sceneggiatura: la prima con la divisione del film in scene e il testo dei dialoghi; la seconda che si usa sul set e contiene anche annotazioni tecniche riguardanti ‚campi' e i ‚piani', i movimenti di macchina, ecc. (è detta per questo ‚sceneggiatura tecnica'). /.../" Fernoldo Di Giammateo, *Dizionario Universale del Cinema* (2 volumi), Roma: Editori Riuniti 1985, p.45.
12 Penso non solo al medium film o alla televisione di cui i giovani sono tra i più fedeli consumatori, ma anche al fumetto genere molto vicino alla trasposizione filmica.
13 Sergio Micheli, *Pirandello in cinema*, Roma: Bulzoni 1989, p. 36.
14 ibidem.
15 Nel film *Altri tempi* del 1952 per la regia di Alessandro Blasetti fu inserita *La morsa* di Pirandello; nel 1954 uscì il film *Questa è la vita* composto di quattro novelle pirandelliane: *La giara*, *Il ventaglio*, *La patente*, *Marsina stretta* rispettivamente per la regia di Giorgio Pastina, Mario Soldati, Luigi Zampa, Aldo Fabrizi.
16 La sequenza è un insieme di inquadrature legate fra loro per motivi di tempo e spazio.

17 Per luogo (dove?) si intende per es.: nazione, regione; campagna, città, paese; mare, montagna, collina; appartamento, villa, casolare, capanna; strada, piazza, spiaggia...
18 Per tempo (quando?) si intende per es.: epoca, anno, stagione, mese, giorno; mattino, pomeriggio, sera, notte; ed anche tempo atmosferico: bello, brutto; nuvoloso, sereno; sole, pioggia,neve... Determinare luogo e tempo è in particolare compito dello scenografo.
19 I nomi delle persone (chi?) che compaiono nel testo con le specificazioni: a) personaggio principale o secondario; uomo, donna, bambino/a; giovane, adulto, anziano; b) i caratteri fisici fondamentali: statura, corporatura, portamento e i tratti salienti del viso: capigliatura, occhi, naso, labbra ...; c) gli abiti che indossano; se non c'è accenno nel testo, spetta al costumista sceglierli.
20 Per azioni si intendono sia i gesti ed atteggiamenti che caratterizzano un personaggio, sia l'interagire dei personaggi tra loro.
21 I dialoghi saranno i discorsi diretti del testo e/o gli indiretti trasformati in diretti; non si dimentichino i monologhi; e neanche l'arteficio della voce „fuori campo".
22 Musica, suoni, rumori costituiscono „la colonna sonora" del film; si ricordi qualche pezzo musicale che si crede adatto per es. per sottolineare l'atmosfera di una sequenza; i rumori della strada, del mare, i suoni degli oggetti, le voci degli animali e delle persone o il silenzio... Della colonna sonora si occuperà in particolare il musicista.
23 Per luce si intende il tipo di illuminazione che si vuol dare alla sequenza a seconda del momento della giornata in cui essa si svolge o delle atmosfere che si vogliono creare. Per colore si intende semplicemente se la sequenza deve essere girata in bianco o nero o a colori e in questo caso la tonalità dominante. L'illuminazione è compito soprattutto del tecnico delle luci.
24 Per l'inquadratura (o se si vuole il punto di vista della macchina da presa) vedere lo schema su indicato, tratto, in parte, da: Wolfgang Gast, *Grundbuch. Einführung in Begriffe und Methoden der Filmanalyse*, Frankfurt am Main: Moritz Diesterweg Verlag 1993, p.17.
25 I movimenti più importanti sono: la panoramica (movimento orizzontale della macchina da presa, ruotante su se stessa) e la carrellata (spostamento sul piano orizzontale in qualsiasi direzione). Si possono anche tener presenti lo stacco (interruzione netta tra una inquadratura e l'altra) e la dissovenza (apparizione o offuscamento dell'immagine in modo graduale e progressivo).

Bibliografia essenziale

Didattica

A.V.: *Cinema et langues vivantes*, Sevres: Centre International d'Etudes pedagogiques de Sevre 1990.

Moschini, Marco: *Immaginando. Itinerari creativi di educazione all'immagine*, Roma: Armando Editore 1990.

Simone, Raffaele (cura di): *Un mondo da leggere*, Firenze: La Nuova Italia 1990.

Analisi del film

Moscati, Mario: *Manuale di sceneggiatura*, Milano: Mondadori 1991.

Gast, Wolfgang: *Grundbuch*. Einführung in Begriffe und Methoden der Filmanalyse, Frankfurt am Main: Moritz Diesterweg Verlag 1993.

Guidorizzi, Mario – Tedeschi Turco, Mario: *Guardare e vedere*. Guida all'analisi del film, Verona: Mazziana 1995.

Letteratura e cinema

Brunetta, Gian Piero: *Letteratura e cinema*, Bologna: Zanichelli 1976.
Guidorizzi, Ernesto: *La narrativa italiana e il cinema*, Firenze: Sansoni 1973.
Micheli, Sergio: *Pirandello in cinema*, Roma: Bulzoni 1989.
Tagliabue, Carlo: *Cinema e letteratura*

Storia del cinema

Brunetta, Gian Piero: *Cent'anni di cinema italiano*, Bari: Laterza 1995.
Di Giammateo, Fernaldo: *Dizionario Universale del Cinema* (2 volumi), Roma: Editori Riuniti 1985.
Faldini, Franca/Fofi, Goffredo: *L'avventurosa storia del cinema italiano*. Raccontata dai suoi protagonisti 1935-1959 (2 volumi), Milano: Feltrinelli 1979.

BERND CRÖßMANN

Die Arbeit mit literarischen Texten in der Anfangsphase des Literaturunterrichts

Edmondo De Amicis, *Amore e ginnastica*

Der jedem Italiener aus seiner Kinderzeit bekannte Edmondo De Amicis (Oneglia 1846–Bordighera 1908) schrieb im Jahre 1892, d.h. sechs Jahre nach Erscheinen seines legendären Romans *Cuore*, eine wenig beachtete Erzählung mit dem Titel *Amore e ginnastica*. Wenig beachtet war und blieb sie wohl deshalb, weil sie ganz und gar nicht ins Klischee des pathetischen und moralisierenden Kinderbuchautors hineinpasst. *Amore e ginnastica* ist ein unterhaltsamer, stellenweise geradezu frecher Text, der einen ironischen Blick auf eine Turiner Mietshausgemeinschaft wirft. Protagonistin dieses bürgerlichen Mikrokosmos einer norditalienischen Großstadt am Ende des 19. Jahrhunderts ist eine von ihrem – zur damaligen Zeit neuen – Beruf beseelte junge Sportlehrerin, die durch ihre Attraktivität und Unkonventionalität einige Unordnung ins geregelte Kleinbürgerleben bringt.

Amore e ginnastica, dies sei allen didaktischen Überlegungen vorangestellt, ist kein literarischer Text, der den Schülern unmittelbar im Anschluss an die Lehrbuchphase zugemutet werden sollte. Dazu ist er zu lang, im Aufbau zu komplex und sprachlich zu anspruchsvoll. Die Lehrpläne für Italienisch als dritte Pflichtfremdsprache ab Gymnasialklasse 9 begreifen in der Regel das dritte Lernjahr als Scharnier zwischen lehrbuchgesteuertem Spracherwerb und freieren Formen des Lernens. Es scheint mir sinnvoll, das letzte Quartal dieses dritten Lernjahres abzuwarten, um den Roman als Lektüre vorzulegen. Die Schüler haben so die Möglichkeit, ihre neu erworbenen Kenntnisse, die sie aus einer Vielzahl kürzerer authentischer Texte gewonnen haben, anzuwenden und gedanklich zu integrieren. Natürlich spricht auch nichts dagegen, das vierte Lernjahr, etwa einen Grund- oder Leistungskurs in Klassenstufe 12, mit der Lektüre von *Amore e ginnastica* zu eröffnen.

Ob man den Roman von seiner Erzählstruktur her betrachtet oder das Augenmerk auf die Themen richtet, die zur Sprache kommen, als Ergebnis wird man feststellen, dass er einfach gebaut und zugleich erstaunlich vielschichtig ist. Das doppelte Gewand anspruchsvoller Banalität hat mit Sicherheit seinen Anteil an der Lesefreude, die sich beim geübten Leser einstellt. Aus didaktischer Sicht ist es konstitutiv für die Brückenfunktion, die dem Roman für den fremdsprachlichen Literaturunterricht zukommt. Wer sich an dem Text geübt hat und den Überblick über ein umfangreicheres Textganzes gewonnen hat, wird sich auch in einem komplizierten literarischen Prosatext des 19. oder 20. Jahrhunderts zu orientieren wissen.

1. Erzählstruktur

1.1. Zeitlicher Rahmen

Ein wesentliches Strukturelement allen Erzählens ist der zeitliche Rahmen, innerhalb dessen das Erzählte sich abspielt. Jugendliche Leser haben durchaus Mühe, Brüche im Zeitkontinuum bewusst wahrzunehmen und sich zu vergegenwärtigen, auf welcher Ebene sie sich in ihrer Lektüre gerade befinden. Um so mehr gilt dies für die Leser fremdsprachlicher Texte, die allein durch das geringere Lesetempo Schwierigkeiten mit der zeitlichen Situierung des aktuellen Lesetextes haben. De Amicis' Roman kommt ihnen in dieser Hinsicht sehr entgegen. Die Geschichte wird linear erzählt. Es gibt keine Rückblenden und keine Vorgriffe, es gibt keine Parallelführungen und keine gegenläufigen Bewegungen. Die Handlung setzt auf die Minute genau ein: „Mancavano venti minuti alle nove" und wird nur im Einleitungsteil einmal für eine Art Exposition unterbrochen. Anhand der sparsam, aber kontinuierlich eingestreuten Zeitangaben lässt sich unschwer rekonstruieren, dass die Geschichte an einem Samstag in der zweiten Februarhälfte beginnt und etwa drei Monate später im fortgeschrittenen Frühling ihren – der Jahreszeit entsprechenden – glücklichen Abschluss findet.

1.2. Ähnlichkeiten zum Bau der traditionellen Komödie

Frappierender als die zeitliche Kontinuität des Erzählens sind eine Reihe von Eigenschaften, die der Erzählung ihren Stempel aufdrücken, sie strukturieren und übersichtlich erscheinen lassen. Es sind dies Eigenheiten, die den Text nachgerade in die Nähe eines traditionellen Theaterstücks rücken. So ist es nicht übertrieben, von einer „Einheit des Ortes" zu sprechen. Schauplatz, ja Bühne des Geschehens ist ein altes Mietshaus in der via San Francesco d'Assisi im Zentrum von Turin.

> „La casa si prestava ai maneggi e ai segreti d'una passione amorosa. Era una delle più vecchie case di Torino, un antico convento, dicevano: senza soffitte, senza terrazzini sul cortile, con due sole scale mal rischiarate: su ciascuna delle quali non eran che sei quartieri, la più parte assai piccoli, e abitati tutti da gente tranquilla. Sulla scala del padron di casa, al primo piano, abitava l'ingegner Ginoni [...]."
> (Kap. 4)

Fast alle Kapitel des Romans sind in diesem Haus angesiedelt. Der Erzähler verschafft seinem Leser Zugang zu den Wohnungen der wichtigsten Hausbewohner. Oft jedoch spielt das Geschehen an den sozialen Schnittstellen des Mietshauses, im Treppenhaus, auf dem Treppenabsatz vor den Wohnungstüren, im Hof, in der Toreinfahrt oder auf dem Bürgersteig. Nur zweimal wird das Haus verlassen. Einmal besucht der männliche Protagonist den Leiter der städtischen Schulbehörde in seinem Büro im „Palazzo di città", dem Turiner Rathaus, das nur wenige Straßenzüge von der via San Francesco entfernt ist (Kap. 13), und kurz vor dem Ende der Erzählung erlebt die gleiche Romanfigur den Auftritt der heiß umworbenen Junglehrerin vor dem nationalen Sportlehrerkongress im geschichtsträchtigen Parlamentssaal des „Palazzo Carignano" (Kap. 30). Wenn der vertraute private Schauplatz des Hauses mit seinen Wohnungen und Winkeln verlassen wird, dann also nur, um einem allgemein bekannten öffentlichen Gebäude der Stadt Turin Raum zu geben. Im Übrigen lässt die immer gleiche Kulisse von „scale" und „pianerottolo", von „cortile" und „portone" das Altstadthaus zum Sinnbild Turiner Kleinbürgertums werden. Dass ein solches Szenario zur Visualisierung geradezu einlädt, bedarf keiner Erläuterung. Der Leser schafft sich – optisch wie lexikalisch – ein überschaubares Netz von Orientierungspunkten, an denen die Handlung angeknüpft ist.

Grundriß und Handlungsorte des Hauses:

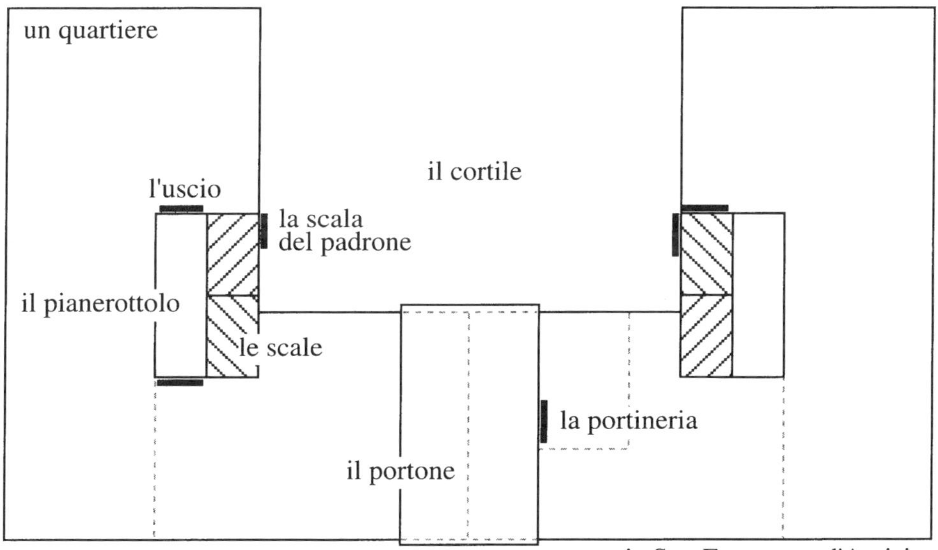

Dass zumindest der für die Erzählung relevante Teil des Doppelhauses eine Winkelkonstruktion sein muss, ergibt sich aus dem Umstand, dass es möglich ist, aus einer Dachluke in eines der Fenster zu blicken, eine Möglichkeit, von der der junge don Celzani regen Gebrauch macht.

An dramatische Texte erinnern auch die Auf- und Abtritte von handelnden Personen an bestimmten Schauplätzen. De Amicis muss sich beim Schreiben ständig die Kulisse des Hauses und seiner Wohnungen als Bühne vorgestellt haben. Entsprechend fällt seine Wortwahl aus: „L'ingegnere stava per rispondere con uno scherzo un po' fuor di luogo, quando suonò il campanello e un momento dopo entrò il segretario. Fu un colpo di scena." [Hervorhebung B.C.] (Kap. 10)

Für eine dramatische Grundauffassung spricht auch die Art und Weise, wie das Geschehen in Gang kommt. Nachdem der Neffe des Hausbesitzers sich entschlossen hat, seinen vierseitigen Liebesbrief an die von ihm angebetete Sportlehrerin Maria Pedani, die eine Treppe höher wohnt, abzuschicken, werden in einer Exposition die Charaktere der beiden Hauptpersonen (Kap. 2, 3, 5 und 6) sowie deren Wohnumfeld, die sechs Parteien der in Frage stehenden Haushälfte, vorgestellt, die über drei Stockwerke verteilt sind (Kap. 4). Erst dann läuft die Zeit wieder, wird der bislang dünne Handlungsimpuls verstärkt. Der Brief des Verehrers erreicht die Adressatin und löst zwischen ihr und der Kollegin, mit der sie die Wohnung teilt, Spannungen aus. So massiv und blockhaft statisch die Exposition aus erzähltechnischer Sicht erscheinen mag, didaktisch erfüllt sie eine wertvolle Aufgabe. Sie setzt den ungeübten oder durch sprachliche Probleme abgelenkten Leser zum rechten Zeitpunkt über alles Wissenswerte zum weiteren Verständnis der Geschichte in Kenntnis. Dass dies in durchaus differenzierter Weise und mit einer gehörigen Portion Ironie geschieht, beweist die Charakterisierung des verliebten don Celzani:

> „Il segretario Celzani passava di pochi anni la trentina; ma aveva la compostezza d'aspetto e di modi d'un uomo di cinquanta, una figura di notaio da commedia o di precettore di casa patrizia clericale. [...] Andava in chiesa, frequentava dei preti, e di prete gli eran rimaste certe mosse e certi atteggiamenti, come quello di tener spesso una mano nell'altra serrate sul petto, l'avversione ai baffi e alla barba e l'abitudine di vestir tutto di scuro; ma non era bigotto, e si vantava senza mentire d'essere patriotta e liberale. Ciò non ostante, a cagione della sua apparenza, tutti gl'inquilini della casa lo chiamavano da anni, per celia, don Celzani." (Kap. 2)

Ein letztes bauliches Charakteristikum, das die Erzählung in die Nähe eines traditionellen Lustspieltextes rückt, ist die kunstvolle Verteilung von Höhepunkten und retardierenden Momenten im Handlungsverlauf, die den jungen don Celzani und mit ihm seine Leser ständig einem Wechselbad der Gefühle zwischen Hoffnung und Hoffnungslosigkeit aussetzen. Nachdem die wortreiche Liebeserklärung abgeschickt ist, handelt sich der junge Mann einen ersten Korb ein. Die Zurückweisung nimmt er zum Anlass, systematisch seine Lebensgewohnheiten so einzurichten, dass Hoffnung besteht, bei seiner Angebeteten in günstigerem Licht zu erscheinen. So beginnt er zum Beispiel, sich mit Gymnastik zu beschäftigen, um seiner Maria Pedani zu imponieren. In dieser Handlungsphase steigert sich übrigens das Erzähltempo.

Die nachfolgende dramatische Schlüsselszene wird verstärkt durch eine zunehmende Raffung der erzählten Zeit. Das nächste Zusammentreffen – die Pedani kommt zu ihm in die Wohnung, um die Miete zu bezahlen – überrascht ihn. Alles geht zu schnell, er handelt überstürzt, fällt ihr zu Füßen, umklammert ihre Knie und wird wie ein Schuljunge von ihr zurückgewiesen.

> „La Pedani fu presa da un principio d'impazienza, e facendo un passo avanti, allungò la mano per pigliar la ricevuta. Per istinto il segretario le afferrò la mano, e fu come una vertigine: cadde ginocchioni d'un colpo e, accecato, supplicando, s'avviticchiò furiosamente alle ginocchia di lei, strofinando il viso convulso contro la sua veste. Fu un baleno però: due mani gagliarde sciolsero le sue dita incrocicchiate, e con una spinta virilmente impetuosa lo misero in piedi d'un balzo, sbalordito. – Signor Celzani, – disse severamente la maestra, ma con accento più di fastidio, che di sdegno, – queste cose con me non si fanno – . E soggiunse dopo una pausa: – Sia detto una volta per sempre." (Kap. 17)

Ein weiteres Mal nimmt er sich vor, sie umzustimmen. Doch diesmal verzögert sich die Gelegenheit zur Aussprache. Die Zeit, auch die erzählte Zeit, fliegt dahin. Der wirklich günstige Augenblick ist vorüber, und als er endlich in ihrer Wohung steht, um ein Wasserrohr zu reparieren, weist sie ihn ein drittes Mal ab. Er verfällt zusehends in Schwermut – der Zeitfluss verlangsamt sich wieder auf das Tempo vom Beginn der Erzählung –, und während sie in der Vorbereitungsphase des Sportlehrerkongresses verbandspolitische Triumphe feiert, verabschiedet er sich fast unbemerkt von ihr. Erst bei einem allerletzten, eher zufälligen Abschiedsgruß nimmt sie ihn völlig überraschend in ihre athletischen Arme und erhört sein Flehen:

> „Le andò dietro in punta di piedi, adagio adagio. Quando fu al secondo pianerottolo, non poté più reggere, si slanciò su, la raggiunse. Essa si voltò, si trovaron di fronte l'una all'altro nel buio: lei sopra uno scalino più alto. – Il signor Celzani? – domandò la maestra. Egli ruppe in un singhiozzo, e mormorò: – Son venuto a dirle addio! Ma non aveva finito di dirlo, che si sentí una mano vigorosa sulla nuca e due labbra infocate sulla bocca, e nella gioia delirante che lo invase in quell'immenso paradiso oscuro dove si sentí sollevato come da un turbine, non poté cacciar fuori che un grido strozzato: – Oh!... Dio grande!" (Kap. 31)

Die rasante Wendung, die die Erzählung in den letzten Zeilen nimmt, ist zwar psychologisch vorbereitet worden. Maria Pedani hat mittlerweile die Einsamkeit der Sieger im Leben kennen gelernt und schätzt die Anhänglichkeit des mittelmäßigen Verehrers höher ein als zuvor. Dennoch trägt das Ende der Erzählung alle Kennzeichen des lang hinausgezögerten plötzlichen Komödienschlusses.

Wendepunkte der Erzählung:

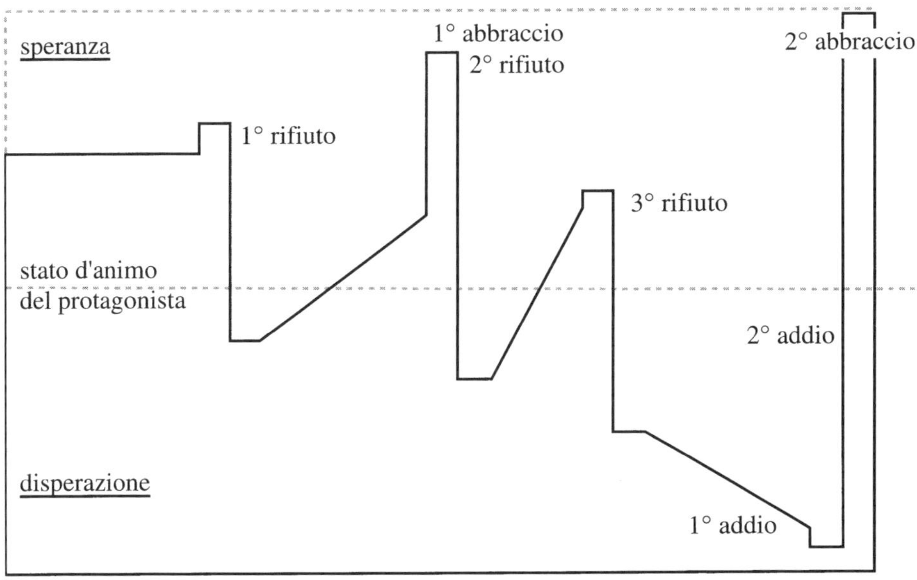

1.3. Narrative Elemente

Die konstruktiven Elemente des Romans, die an den Bauplan einer Komödie erinnern, sollten auf jeden Fall im Unterricht herausgearbeitet werden. Sie erleichtern dem Leser die Orientierung im Text und lenken die Aufmerksamkeit auf die Höhepunkte des Geschehens. Es wäre jedoch ein Irrtum zu glauben, der Text könne gleichsam szenisch aufgeführt werden. Ein Versuch in diese Richtung, der in einer Textsequenz mit hohem Anteil an direkter Rede einsetzt, könnte sich didaktisch als durchaus fruchtbar erweisen. Es würde sich nämlich rasch zeigen, dass De Amicis eine Reihe von erzähltechnischen Vorgehensweisen anwendet, die den Text trotz aller Nähe zum Szenischen eindeutig als Prosatext ausweisen und die bei einer Reduzierung auf Dialoge verlorengingen. Da ist in erster Linie die starke Präsenz eines Erzählers zu nennen, der sich in regelmäßigen Abständen über die handelnden Personen beugt, sie mit Beschreibungen ihres Habitus, aber auch mit Erklärungen zu ihrer Seelenlage dem Leser näherzubringen sucht. Es sind diese psychologisierenden Beschreibungen, die dem Text Witz und Leichtigkeit verleihen. Ihre subtile Ironie verlangt allerdings vom fremdsprachlichen Leser hohe Aufmerksamkeit und einen verlässlichen Grundstock an Sprachkenntnis. So fährt der Erzähler zum Beispiel in der oben zitierten Einführung des jungen don Celzani folgendermaßen fort:

> „Ma v'era un lato della sua natura che nessuno conosceva. Sotto quell'aspetto composto di prete travestito si celava un temperamento fisico vivacissimo, una forte sensualità contenuta, non per ipocrisia, ma in parte per timidezza, in parte per sentimento di decoro, e dissimulata per lo più da un'aria di profonda meditazione. A veder per la strada quell'uomo vestito di nero, un po' curvo, coi capelli scuri spioventi, col viso liscio, con due occhi così piccoli che quando sorrideva non si vedevan più, con un naso lungo e sottile di asceta, con un'andatura come s'egli studiasse di farsi piccolo, e sempre con lo sguardo rivolto a terra, a dieci passi davanti a sé, nessuno avrebbe mai pensato che non sfuggisse alla sua vista né un piedino scoperto sul montatoio d'una carrozza, né una fotografia libera in una vetrina, né una coppia tortoreggiante sotto un portone, né alcuna cosa od immagine che potesse eccitare i sensi." (Kap. 2)

Passagen wie diese können nicht überflogen werden. Inhaltlich wie von der komplizierten syntaktischen Gestaltung her verlangen sie nach intensiver Lektüre – eine Aufgabe, die dem Lehrer bewusst sein muss und der, wie eingangs erwähnt, eine zu frühe Beschäftigung mit dem Roman entgegensteht. Da die ironisch-reflektierenden Textpassagen jedoch kaum je zwei Druckseiten überschreiten und leicht erkennbar in handlungs- und dialogbetonte Textsorten eingebettet sind, ergibt sich in der Lektüre unmerklich ein sinnvoller Wechsel von raschem und langsamem Tempo, wie ihn die Fremdsprachendidaktik fordert.

Eine letzte Anmerkung sei dem Personal des Romans gewidmet. Um die bereits genannten Hauptpersonen, den jungen „segretario", auch don Celzani genannt, und seine Angebetete, die Sportlehrerin Maria Pedani, scharen sich noch mehrere Familien und Einzelpersonen. In diesem Punkt gestattet sich Edmondo De Amicis wahrhaft epische Breite. Von den sechs Parteien der Haushälfte sind nur zwei, ein pensionierter Lehrer und zwei alte Schwestern, wirkliche Nebenfiguren. Die übrigen Bewohner, der Hausbesitzer und Onkel des „segretario", eine Kollegin, die mit der Pedani zusammenwohnt, sowie zwei Familien mit teils erwachsenen Kindern, sind durch Sympathien und oft durch berufliche oder erotische Eifersüchteleien auf vielfältige Weise mit den Protagonisten des Romans verstrickt. Dem Leser kommt es entgegen, dass er die Parteien über knappste Angaben zu Alter und Aussehen im Gedächtnis speichern kann, etwa nach dem trivialen Muster: „Il maestro Fassi, 38 anni, baffuto". Kombiniert man diese steckbrieflichen Kurzinformationen, die der Text zu jeder Person bereithält, mit der Lokalisierung der Familien im Haus, so ergibt sich ein recht tragfähiges Erinnerungsmuster, das etwa folgendermaßen aussieht:

Parteien der Haushälfte:

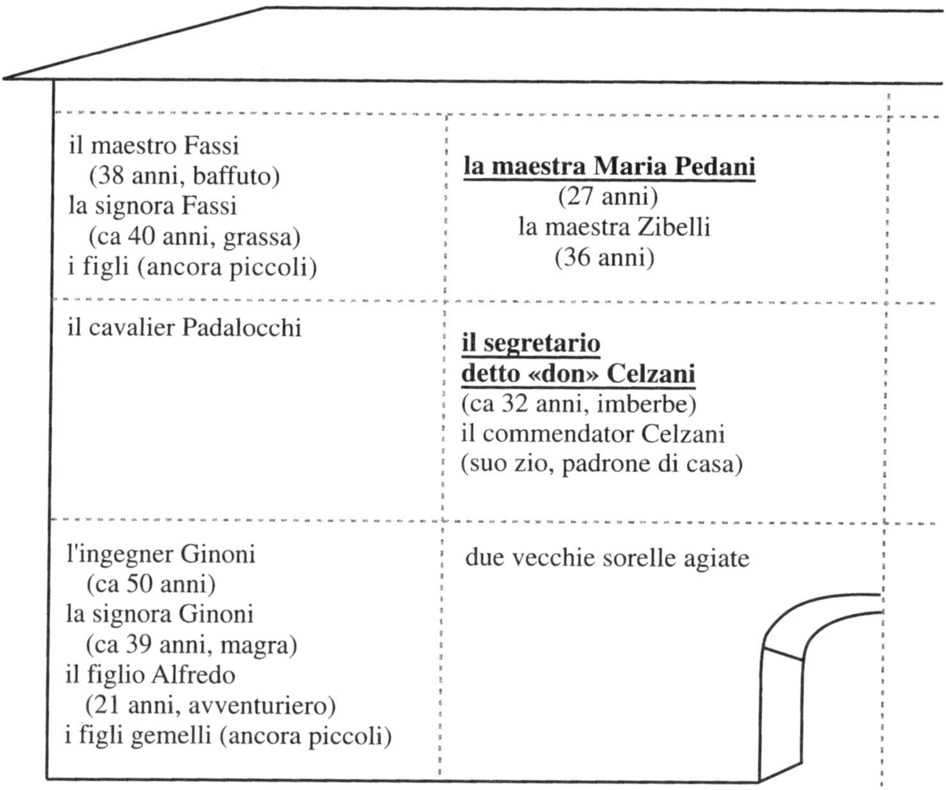

Wir finden also auch, was die Personen des Romans angeht, das bekannte Grundprinzip der Gleichzeitigkeit von Ordnung und Komplexität. Die Verhältnisse sind reizvoll verworren und dennoch ohne allzuviel Mühe überschaubar zu machen. Dieser Balanceakt zwischen Banalität und Raffinesse ist kennzeichnend für alle angesprochenen Aspekte der Erzählstruktur. In meinen Augen macht er den Roman zu einem didaktischen Kleinod. Hier ist der Kompromiss zwischen den Forderungen nach Zugänglichkeit und Lesegenuss für den fremdsprachlichen Leser gelungen.

2. Inhaltliche Aspekte

2.1. Das Turiner Ambiente

Schon aus erzähltechnischer Sicht war die Feststellung wichtig, dass ein altes Mietshaus im Stadtzentrum von Turin zum Schauplatz fast des gesamten Romans auserkoren wird. Wenn wir nun den Blick erweitern und der Frage nachgehen, welche tiefere gesellschaftliche Bedeutung der Ortswahl zukommt, die De Amicis getroffen hat, so ist es nötig, sich die Rolle der Stadt Turin im Italien der frühen 90er Jahre des vergangenen Jahrhunderts zu vergegenwärtigen. Den Verlust der Hauptstadtfunktion im Jahre 1864 versuchte die piemontesische Metropole in zunehmendem Maße erfolgreich durch industrielle Mittelpunktfunktionen wettzumachen. Ein markantes Ereignis, das zeitlich wenige Jahre vor dem Erscheinungsdatum von *Amore e ginnastica* liegt, ist die Industrieausstellung von 1884, die den Ruf der Stadt als „Capitale del lavoro" entscheidend gefestigt haben dürfte. In seinem Essay „Torino 1880" beschreibt denn auch De Amicis das typische Erscheinungsbild der Innenstadthäuser als „architettura [..] democratica ed eguagliatrice". Solider Reichtum, Komfort, Eleganz und Bescheidenheit nach außen prägen nach De Amicis das Bild der Innenstadt. Die Fassaden lassen klare soziale Abstufungen „dal piano nobile ai tetti" erkennen, aber es fehlen die harten Kontraste zwischen Arm und Reich. Dem Bild der demokratischen und wohlhabenden Industriemetropole setzt er nur das Innenstadtgeviert entgegen, in dessen Zentrum sich jene via Francesco d'Assisi befindet, an der das Haus des Commendator Celzani steht:

> „Qui la città invecchia improvvisamente di parecchi secoli, si oscura, si stringe, s'intrica, si fa povera e malinconica. Il forestiero che vi capita per la prima volta, ne rimane stupito, come dalla trasformazione istantanea d'una scena teatrale. Appena v'è entrato, la città gli si chiude intorno, intercettandogli la vista da tutte le parti, ed egli vi resta preso come in un agguato. [...] Par di essere scesi in una Torino sotterranea, dove non penetri che una luce riflessa. E andando avanti verso il Palazzo municipale, tutto si fa più stretto, più nero e più vecchio. Si riesce in crocicchi angusti che ricordano le scene del Goldoni, dove si spettegola tra la strada e le finestre, in angoli di viuzze raccolti e intimi, in cui pare che tutte le famiglie che v'abitano debbano far vita comune, come una tribù di gitani." (Torino 1880, S. 23/24)

Hier also, in diesem etwas heruntergekommenen Stadtkern, der in seiner Entwicklung gegenüber der dynamischen Hauptstadt der Arbeit, wie De Amicis pathetisch zu Protokoll gibt, um Jahrhunderte zurückgeblieben ist, hier gedeiht eine Hausgemeinschaft, die sich mehrheitlich aus Lehrern, der Familie eines Ingenieurs und dem Hausbesitzer, dem „commendatore", mit seinem Neffen sowie ein paar alten Leuten zusammensetzt. Nicht der Industrielle, der Fabrikbesitzer, auch nicht der Arbeiter bestimmen die Szene, sondern die kleinbürgerlichen Staatsbediensteten. In diesem Milieu der liebenswürdigen Intrigen und des Sozialneids, in dem der „ingegner“ Ginoni noch am ehesten die Fackel der Aufklärung trägt, wächst eine junge begeisterte Pädagogin über sich hinaus und hält auf dem Sportlehrerkongress im ehemaligen Parlamentsgebäude des Palazzo Carignano eine flammende Rede über die segensreichen Auswirkungen des Schulsports auf die Volksgesundheit. Die Heilserwartung, um es überspitzt zu formulieren, entspringt nicht dem Milieu der aufstrebenden Industriemetropole, sondern der engen kleinbürgerlichen Welt des Zentrums. Nur der Umstand, dass die Heldin des Romans auf so tragikomische Weise umschwärmt und begehrt wird, bewahrt De Amicis davor, in das bekannte volkserzieherische Pathos von *Cuore* zu verfallen.

> „E si sentiva tutta l'anima sua in quella sincera eloquenza, s'indovinava tutta la sua vita consacrata a un'idea, una gioventù che era come una lunga adolescenza severa, affrancata dai sensi, repugnante a ogni specie di affettazione sentimentale o scolastica, semplice di costumi e di modi, purificata e fortificata da un esercizio continuo delle forze fisiche, del quale erano effetto manifesto la sua salute fiorente, la mente limpida e l'anima retta ed ardita.“ (Kap. 30)

Dass die Rednerin patriotische Töne anschlägt und voller Bewunderung für die nördlich der Alpen gelegene Nation ist, die den Turnvater Jahn hervorgebracht hat, wird in diesem Zusammenhang niemanden verwundern:

> „E quando con l'ultimo tratto ella fece passare nell'aula la figura del vecchio Augusto Ravenstein, fondatore della prima palestra del suo popolo, seguito dal corteo dei grandi ginnasiarchi tedeschi, benefattori di milioni di fanciulli e benemeriti della potenza e della gloria della Germania, scoppiò un'altra acclamazione fragorosa, che scosse lei e tutta l'assemblea, e la interruppe per un po' di tempo.“ (Kap. 30)

Der Roman bietet, und das macht ihn für den Fremdsprachenunterricht so attraktiv, an verschiedenen Stellen die Möglichkeit zum landeskundlichen Exkurs. Dabei können, wie oben angedeutet, die soziologischen Aspekte im Vordergrund stehen. Im Idealfall kennen die Schüler eine norditalienische Großstadt aus eigener Anschauung oder bringen wirtschaftsgeografische Vorkenntnisse über das Industrie-Dreieck Torino-Milano-Genova mit. Es ist ebenso möglich, auf geschichtliche Fakten einzugehen: Reminiszenzen an die Etappen der nationalen Einigung (Il Palazzo Carignano), Krisen und Sehnsüchte des jungen Nationalstaates. Wer auf diese landeskundliche

Dimension im Unterricht verzichten möchte, kann es ohne weiteres tun. Er muss nicht befürchten, dass der Zugang zum Text dadurch erschwert würde. Denn die Welt, in der sich die Liebesgeschichte der Maria Pedani und ihres „segretario“ ereignet, ist das mitteleuropäische Kleinbürgertum des ausgehenden 19. Jahrhunderts und, zumindest für deutsche Schüler, keine hermetisch-fremde Welt wie etwa das Sizilien Vergas.

Ein literaturgeschichtlicher Verknüpfungspunkt zu De Amicis Hauptwerk bietet sich zu Beginn des 29. Kapitels, wo der Autor sich gleichsam zitiert. Der völlig verzweifelte und tief gedemütigte don Celzani hat gerade erfahren müssen, dass auch der Onkel auf seine Dienste zu verzichten gewillt ist, und überlegt ernsthaft, ob es nicht angebracht sei, nach Genua zu fahren, um sich nach Amerika einzuschiffen ...

2.2. *La Pedani:* Karikatur und Individualität

Die bisher dargebotenen Textproben, die zur Illustration der narrativen Höhepunkte der ersten –missglückten– und der zweiten –glücklichen– Umarmung der ungleichen Liebenden vorgestellt wurden, vermitteln nicht den Eindruck, dass hier ein ernst zu nehmendes Individuum gezeichnet wird. Sie lassen die Pedani eher als eine „Poebenen-Walküre“ erscheinen, von deren Willkür das Wohl des schwächlichen Sekretärs abhängt.

> „[...] chi la conosceva da vicino la considerava come una natura di donna misteriosa, refrattaria all'amore, e quasi priva d'istinto sessuale, e l'ingegner Ginoni, a cui piaceva di scherzar con lei, la chiamava ‚la vulneratrice invulnerabile‘. E pareva ch'ella giustificasse quest'idea con la nessuna o pochissima cura che prendeva del suo abbigliamento, se non per la pulitezza, che serbava irreprensibile. [...] Tutti questi difetti e anche il nasino non finito scomparivano nella bellezza poderosa e trionfante del suo corpo giovanile di guerriera.“ (Kap. 5)

Sicherlich ist die karikaturale Verzerrung eine wichtige Komponente der Romanfigur, denn an sie ist die Charakterstudie des Sekretärs geknüpft. Don Celzani ist lange Zeit überzeugt davon, dass seine permanenten Minderwertigkeitsgefühle gegenüber der Frau seiner Träume lediglich auf das Missverhältnis der Körpergröße zurückzuführen sind.

> „La [difficoltà] più terribile era quella di arrischiarsi a dichiarare aperto a lei la sua passione; al che s'era formidabilmente opposta per tre mesi la sua invincibile timidità, cagionata sopra tutto dalla considerazione della *grande inferiorità* ch'egli riconosceva in sé, rispetto alla maestra, *dal lato dei pregi esteriori della persona*. [...] quando si trovava di fronte a quell'alta e forte ragazza, che o stesse sullo scalino

> di sopra o su quel disotto, gli pareva sempre che lo dominasse come una figura colossale.“ [Hervorhebungen B.C.] (Kap. 3)

Im Verlauf seiner zyklisch wiederkehrenden Enttäuschungen und der damit einhergehenden Depression steigert sich der junge Mann in Fantasien, die deutlich masochistische Züge tragen. Nachdem er die Pedani während ihres Redebeitrags auf dem nationalen Sportlehrerkongress erlebt hat, ist er zu guter Letzt gezwungen, die heiligste seiner inneren Überzeugungen zu revidieren. Es schwindet ihm nun auch die Gewissheit, die ihm bislang noch Trost und Halt geben konnte, nämlich die seiner geistigen Überlegenheit.

> „E dopo quel trionfo, egli si sentiva più miseramente, e per così dire, più bassamente infelice che non fosse stato mai, poiché non aveva sentito per l'addietro che la differenza esteriore ch'era fra lei e lui; ma la riconosceva ora *troppo superiore a sé anche per lo spirito*: ella non aveva soltanto innalzato sé stessa alla gloria, aveva precipitato lui nella polvere.“ [Hervorhebung B.C.] (Kap. 31)

Was hier an stärker differenzierender Psychologie mit Blick auf den männlichen Part herausgearbeitet wird, findet seine Entsprechung in der Darstellung der Pedani. Fast unmerklich wird unter der dick aufgetragenen Schicht vordergründiger Komik ein psychologischer Strang weiterverfolgt, der alle Aufmerksamkeit des Lesers verdient. De Amicis zeichnet das durchaus Respekt heischende Bild einer ebenso vitalen wie sensiblen jungen Frau, die in der Berufstätigkeit Erfüllung findet. Dass die im Beruf stehende unabhängige Frau am Ende des vergangenen Jahrhunderts weder in Italien noch in Deutschland eine Selbstverständlichkeit war, muss nicht eigens betont werden. In diesem Zusammenhang lohnt es die Mühe, auch den leiseren Tönen in der Beschreibung der Pedani nachzugehen.

> „Certo, il più forte impulso a tutto questo lavoro glielo dava la ferma e calda persuasione di far del bene, che era viva in lei fin dalla prima giovinezza; ma col crescere della notorietà e del plauso pubblico vi si cominciava a mescolare [...] una certa amarezza di non saper in chi versare il soverchio della sua vitalità intellettuale e morale, il quale l'agitava, vinceva la forza nativa della sua tempra, e *faceva che si sentisse più donna di quello che si fosse sentita mai*.“ [Hervorhebung B.C.] (Kap. 25)

Maria Pedani hat sich die Möglichkeit eröffnet, über ihren Beruf als Sportlehrerin einschneidende persönliche Erfahrungen zu machen. Sie spürt nun das Bedürfnis, einen Lebenspartner an diesem Zugewinn inneren Reichtums teilhaben zu lassen. Die Figur der Pedani ist über die gesamte Länge der Erzählung zu lebhaft und zu menschlich beschrieben, als dass man diese Wendung als belanglos abtun könnte. Gewiss braucht der Autor eine einigermaßen tragfähige Begründung dafür, dass die Pedani ihren Verehrer nach Abschluss des Kongresses so überraschend erhört. Aber es steht außer Frage, dass dem Bild dieser Frau eine eigene Bedeutung zukommt. Edmondo De Amicis gelingt mit *Amore e ginnastica* im Jahre 1892, und das ist vielleicht der überraschendste Aspekt des Buches, ganz nebenbei eine kleine Charakterstudie wahrhaft gelebter Emanzipation, die so manche Publikation unserer Tage unter Verlagstiteln wie „Die neue Frau“ o. ä. in den Schatten stellt. Es wäre verwunderlich, wenn dieser Aspekt des Romans bei Oberstufen-Schülern und vor allem -Schülerinnen, die ja in sprachlichen Zügen unserer Gymnasien die Mehrheit bilden, nicht auf Interesse stoßen würde.

3. Sprachliche Aufbereitung des Textes

Vom Umfang her betrachtet, nimmt *Amore e ginnastica* mit circa 125 Druckseiten eine Mittelstellung zwischen einer Erzählung und einem Roman ein. Auf alle Fälle ist der Text so lang, dass es sich lohnt, häufig verwendete Vokabeln von punktuell notwendig werdenden Angaben zu unterscheiden. Die Schwierigkeit, und darin gleicht der Text vielen anderen, besteht darin, dass nur ein Teil des rekurrenten Vokabulars zur Aufnahme in den aktiven Wortschatz der Schüler zu empfehlen ist.

Überschaubar ist zum Beispiel das Fachvokabular aus dem Bereich der Gymnastik und der Sportgeräte: *la palestra*; *gli attrezzi*: *la sbarra fissa*, *le parallele*, *le pertiche*, *i manubri*; *gli esercizi*: *le mosse*, *lo slancio*, *i giri*, *i salti*, *l'agilità* etc. Häufig verwendet und sinnvoll für die Aneignung sind Bezeichnungen von Körperteilen (*la nuca*, *le spalle*, *il petto*, *i polmoni*, *il torso*, *la vita*, *l'anca*, *le ginocchia* etc.), die nicht nur im Zusammenhang mit gymnastischen Übungen, sondern ebenso gerne zum Ausmalen der erotischen Ausstrahlung des weiblichen Romanpersonals verwendet werden: „... quell'ampio petto fremente di vita“ (Kap. 11).

Wie jeder Autor pflegt auch De Amicis im Ausdruck ganz persönliche, teils regional oder historisch bedingte Vorlieben, die nicht in jedem Fall mit dem Vokabelwissen fremdsprachlicher Leser übereinstimmen. Auf dem Feld der Wortschatzerweiterung durch Synonyme stellt sich erfahrungsgemäß im Zuge des Sich-Einlesens und der Gewöhnung rasch Vertrautheit mit der spezifischen Ausdrucksweise des Autors ein. Beispiele wären etwa:

De Amicis' Sprache	*Lehrbuchvokabular*
a cagione di	a causa di
non ... che	soltanto
levare di un posto	ritirare, togliere da

celare, dissimulare	nascondere
per celia	per scherzo

Ebensowenig dürften orthografische Varianten und Auslassungen Schwierigkeiten bereiten, die kennzeichnend sind für Texte des 19. oder früherer Jahrhunderte. Es kann im Gegenteil als willkommen angesehen werden, dass solche Abweichungen in maßvoller Dosis verabreicht werden, bevor der Schüler sich in weiter zurückliegende Sprachstände einlesen muss.

De Amicis' Variante	*Lehrbuchvariante*
e pure	eppure
ciò non ostante	ciononostante
leggiero	leggero
eguale	uguale
iscoprire	scoprire
son_ , eran_ , si vedevan_	sono, erano, si vedevano

Aus dem syntaktischen Bereich sei eine Vorliebe De Amicis' herausgegriffen, die dem ungeübten Leser vermutlich zu Anfang einige Schwierigkeiten bereiten wird. Es handelt sich um die häufige Verwendung von Partizipialkonstruktionen. Sie verdichten und komplizieren den Satzbau und verlangen Überblick über die Konstruktion der in Frage stehenden Periode in ihrer Gesamtheit. Allein die sieben folgenden Belege finden sich – wie auch die oben angeführten lexikalischen Beispiele – am Beginn des zweiten Kapitels, aus dem bereits zitiert wurde:

> „*Rimasto* orfano da ragazzo, era stato raccolto da uno zio materno..."

> „Ma, *morto* il parroco, *lasciando*gli un po' di peculio, l'aveva levato di seminario e preso in casa sua..."

> „E pure trovando in lui un'ombra leggiera di ridicolo, lo stimavano e gli volevano bene, poiché era cortese e servizievole, timidamente rispettoso con tutti e sempre uguale; non *avendo* [...] altra esclamazione più risentita di quella di: ‚Dio grande!' ch'egli metteva fuori alzando gli occhi al cielo e *allargando* le braccia..." [Hervorhebungen B.C.]

Angesichts der Fülle solcher Konstruktionen ist zu überlegen, ob nicht eine Grammatiklektion zum Partizipialgebrauch mit anschließenden Übersetzungsübungen der Lektüre vorausgehen sollte.

Keiner Vorbereitung, sondern nur der geschärften Aufmerksamkeit des Lesers bedarf die Wahrnehmung der Vergangenheitstempora. Deren Verwendung wird, bedingt durch den ständigen markanten Wechsel von Handlung und Reflexion, mehr als einmal geradezu modellhaft vor Augen geführt:

„Ma il segretario le preparava ben altre sorprese. Era tentato da un po' di tempo d'intavolare con lei certi discorsi, ai quali s'andava apparecchiando; *ma non osava. Un giorno osò*." [Hervorhebungen B.C.] (Kap. 20)

Zum Schluss bleibt der Wunsch nach einer geeigneten Textausgabe. Zum Zeitpunkt der Endredaktion (Februar 2000) ist im italienischen Buchhandel eine Ausgabe verfügbar. Die wird von der Casa Editrice Principato, einem Mailänder Schulbuchverlag, in der Reihe *Leggere Narrativa* Codice 10567 für Lit. 12.000 angeboten (ISBN 88-416-1783-7). Es gab allerdings in den vergangenen Jahren Taschenbuchausgaben verschiedener Verlagshäuser, u.a. Einaudi, *Centopagine* 1971, Rizzoli, *I Classici della BUR* 1986. Aus diesem Grund wurde im vorliegenden Beitrag beim Zitieren auf Seitenangaben der einen oder anderen ohnehin nicht mehr verfügbaren Ausgabe verzichtet. Vom Druckbild her sind 31 Abschnitte zu unterscheiden, die ich der Nachvollziehbarkeit halber durchnummeriert und als Kapitel bezeichnet habe.

Bei der Kurzlebigkeit italienischer Verlagstitel und der Hektik, mit der Altes wie Neues auf den Markt geworfen wird, ist die Hoffnung auf langfristige Verfügbarkeit – bei welchem Verlag auch immer – nicht unberechtigt. Der Fremdsprachendidaktik wäre natürlich mit einer sorgfältig aufbereiteten Edition, die Vokabelangaben und andere Verständnishilfen zur Verfügung stellt, weit mehr gedient. Vielleicht kann der vorliegende Beitrag Anstoß sein zu einer entsprechenden verlegerischen Initiative.

In diesem Zusammenhang sei auch auf die Verfilmung des Buches unter der Regie von Luigi Filippo D'Amico im Jahr 1973 hingewiesen. Eine VHS-Kassette wird vom Video Club Luce (© 1994 Istituto Luce Roma) unter der Bestellnummer CL 00133 vertrieben. In der Rolle der professoressa Pedani kann der deutsche Zuschauer übrigens die Entdeckung der jungen Senta Berger machen. Auch wenn die Verfilmung rechtschaffen bieder, ja oberflächlich erscheint und keinen eigenständigen künstlerischen Wert beanspruchen kann, so bietet sie für den Unterricht doch eine willkommene Ergänzung.

Literatur

Camusso, Lorenzo: *Torino*, Milano: Fenice 2000 1995.
Colli, Giuseppe: *Storia di Torino*, Torino: Editrice Il Punto 1996.
De Amicis, Edmondo: *Amore e ginnastica*, Torino: Einaudi 1971.
De Amicis, Edmondo: *Torino 1880*, Torino: Lindau 1991.

HELMUTH HEINZ

Plädoyer für die Lektüre einer literarischen Ganzschrift

Drei *racconti* aus Luigi Cilentos *Una bolla di sapone*

Vorüberlegungen

Der Italienischlehrer, der nach Abschluss der Lehrbuchphase und der Lektüre ausgewählter Texte nach einer geeigneten literarischen Ganzschrift Ausschau hält, befindet sich in einer nicht einfachen Situation. Denn erstens sind die Verlagsangebote im Fach Italienisch ungleich spärlicher als in den gängigen Schulsprachen; zweitens stehen kaum Unterrichtsmodelle zur Verfügung. Die Erfahrungswerte für die Lektüre literarischer Ganzschriften sind aufgrund des noch relativ jungen Faches ebenfalls vergleichsweise gering. Bei der Wahl einer geeigneten Lektüre sind wir auf die Erfahrung von Kolleginnen und Kollegen angewiesen. Es ist zudem hilfreich, sich vor Beantwortung der Frage „Was soll ich mit meinen Schülern lesen?" den Bildungsauftrag der Literaturarbeit zu vergegenwärtigen. Im Lehrplan von Baden-Württemberg z.B. steht dort für den Arbeitsbereich 3, Literatur, Folgendes:

> „Die Schülerinnen und Schüler beschäftigen sich mit ausgewählten Werken der italienischen Literatur. Sie begegnen dabei Grundsituationen menschlichen Daseins und lernen verschiedene Lebensentwürfe kennen. Die Auseinandersetzung mit den literarischen Texten stärkt ihre Urteilsfähigkeit, fördert Toleranz und trägt zur Bildung ihrer Persönlichkeit bei. Literarische Texte können auch als landeskundliche Dokumente erarbeitet werden."[1]

Außer der Einübung textanalytischer Verfahren hat der Literaturunterricht also unbestritten eine wichtige persönlichkeitsbildende Funktion. Bei der Wahl einer Ganzschrift gilt es, didaktische Probleme zu reflektieren, wie das sprachliche Niveau, die Textlänge sowie Schwierigkeiten, die sich aus dem kulturgeschichtlichen Hintergrund und aus dem geistigen Gehalt des Werkes ergeben. Hiermit sind nicht adaptierte Texte oder einzelne Textauszüge aus Originalwerken gemeint, denn beides ist nicht unproblematisch. Die Arbeit mit adaptierten Texten birgt die Gefahr der Vereinfachung und willkürlichen Streichung wichtiger Passagen, und die originalen Textauszüge aus größeren Werken können nur einen begrenzten Einblick in die Thematik des Gesamtwerks vermitteln. Die quantitative Reduzierung bringt möglicherweise einen qualitativen Verlust mit sich, auch wenn eine weitausholende literaturgeschichtliche Einführung gegeben wird, was allerdings die Lehrer-Anteile am Unterrichtsgeschehen in unangemessener Weise erhöht. Ich plädiere bei der Wahl der geeigneten Lektüre für eine literarische Ganzschrift von begrenztem Umfang, die sprachlich nicht zu schwierig ist und eine große Motivationskraft besitzt. Das sind alles keine hinreichenden, aber doch notwendige Bedingungen für den Unterrichtserfolg. Um das Interesse an der Lektüre zu gewährleisten, sollte ein motivations-psychologisch wichtiger Text ausgewählt werden.

Zum Autor

Luigi Cilento wurde im Jahre 1913 in einem kleinen Dorf bei Cilento in der Nähe von Neapel geboren. Die Campagna und die Welt der Bauern prägten seine Kindheit. Cilento besuchte eine Fachschule für Zeichnen, begeisterte sich aber gleichzeitig für Literatur, angeregt durch seinen Onkel, der sich literarischen und historischen Studien widmete. Im Familienarchiv und in der Privatbibliothek frönte er seinen literarischen Neigungen, was seinem Vater missfiel, da dieser glaubte, sie hielten ihn zu sehr vom Studium ab. Daraus entstand ein schwerer Konflikt mit dem Vater, dieser zwang den Sohn, die Ausbildung abzubrechen. Cilento übte dann zunächst eine Bürotätigkeit aus; um seinen Lebensunterhalt abzusichern, erwarb er das Diplom als Geometer. An der Universität Neapel promovierte er in Mathematik. Als Schriftsteller blieb er Autodidakt. Hin- und hergerissen zwischen verschiedenen geisteswissenschaftlichen Theorien flüchtete er in die exakten Wissenschaften, was für ihn das Studium der Physik und der Logik bedeutete.

Nach den dunklen Kriegsjahren ergab sich für ihn die Gelegenheit, Persönlichkeiten kennen zu lernen, die einen entscheidenden Einfluss auf ihn ausübten. Im Kreise der Libreria Macchiaroli in Salerno lernte er Gelehrte verschiedener weltanschaulicher Prägung kennen, die seine antifaschistische Haltung bestimmten. Nach dem Krieg war Cilento Direktor der Enti provinciali per il Turismo in Salerno und Neapel. Die Erfahrungen auf diesem Sektor veranlassten ihn, vorzeitig in Pension zu gehen, „per non morire nella stupida e corrotta burocrazia“,[2] und sich seiner literarischen Tätigkeit zu widmen. Mit 70 Jahren begann er zu schreiben. Mit dem Buch *Una bolla di sapone*, das 1988 erschien, liegt die Summe seines literarischen Schaffens vor. Der Titel versteht sich als symbolischer Hinweis auf die Flüchtigkeit des Schreibens und die Vergänglichkeit des Lebens. Das bei Fratelli Fiorentino in Neapel erschienene Werk von 930 Seiten umfasst neben den beiden Romanen *I pazzi* und *Offo Zanna* drei Komödien, *La commissione d'inchiesta*, *Le nozze contraste* und *L'impiegato,* sowie in zwei Sammlungen zusammengefasste Erzählungen. Die erste enthält unter dem Titel *I Demoni* sechs „racconti“: *I Demoni scorazzano sulla terra*, *Il demone del denaro*, *Il demone della ricchezza*, *Il demone dell'alcool*, *Il demone della passione* und *Il demone del giuoco*. Die zweite Sammlung trägt den Titel *Sogni e conchiglie* und enthält außer *L'asino di Don Biagio* die Erzählungen *Il sogno di un vecchio*, *Pasqualantonio*, *Ho ammazzato il diavolo*, *Zio vito* und *La pulce*. *Drei von Cilentos „racconti" sollen im Folgenden als Unterrichtsgegenstand vorgestellt werden.*

Zum Inhalt der drei „racconti"

Die kürzeste der drei Erzählungen, *L'asino di Don Biagio*, ist auch von der Struktur her recht einfach. Don Biagio, ein gutmütiger Landmann, geht mit seinem Gehilfen auf die Fiera di San Francesco, um dort seinen alten Esel, der ihm viele Jahre treu gedient hat, zu verkaufen. Mit dem Erlös will er einen jüngeren Esel kaufen. Schweren Herzens – hängt er doch sehr an dem Tier – hält er Ausschau und gerät an einen gerissenen Händler, der ihm den Esel abkauft und später sozusagen in verjüngtem Gewand wieder verkauft, und zwar zu einem weitaus höheren Preis als der Erlös aus dem Verkauf.

Auf dem Nachhauseweg kommen Don Biagio wegen des auffälligen Verhaltens des Esels allmählich Zweifel. Die Gangart des Tieres und seine offensichtliche Vertrautheit mit den häuslichen Gegebenheiten bestätigen seine Vermutungen. Am Ende steht die bittere Erkenntnis, dass man ihn betrogen hat. Caterina, seine Frau, tröstet ihn über den wirtschaftlichen Verlust und beide schwören, sich fortan nicht mehr von ihrem Esel zu trennen und ihm das Gnadenbrot zu gewähren. Ein dankbarer Blick des Esels bestärkt sie in diesem Entschluss. Am Ende steht die Einsicht Don Biagios, dass er für seine Herzlosigkeit und Naivität zu Recht bestraft worden ist.

In *Il demone dell'alcool* geht es um die Beschreibung der zerstörerischen Wirkung von übermäßigem Alkoholkonsum. Peppe, Bauernsohn und selbst in der Landwirtschaft tätig, ist fleißig und arbeitsam und trägt zum Unterhalt der Familie bei. Sein einziger Fehler ist sein Hang zum Alkohol, der sich durch die nachgiebige Haltung seiner Mutter noch verstärkt. Die bildhübsche, tüchtige und gottesfürchtige Teresa weiß um dieses Laster, heiratet Peppe aber dennoch, in der Hoffnung, ihn durch ihre Liebe und ein harmonisches Familienleben heilen zu können. Sie schenkt ihm drei Söhne und opfert sich für die Familie auf. Doch ihre Bemühungen sind vergeblich. Denn durch den Alkohol, der längst für ihn zur Droge geworden ist, ruiniert Peppe nicht nur seine Gesundheit, sondern macht seiner Frau und den Kindern das Leben zur Hölle. Alle Versuche seitens der Eltern, der Freunde und des Arztes scheitern an der labilen Haltung Peppes. Am Ende stirbt er als Alkoholiker in einer psychiatrischen Klinik und lässt seine Familie in zerrütteten Verhältnissen zurück. Cilento zeigt, wie aufgrund fehlender Willenskraft und Selbstkontrolle ein Mensch dem Alkohol verfällt und trotz verzweifelter Rettungsversuche seiner Angehörigen und Freunde tragisch endet.

Einen tragischen Ausgang hat auch die Erzählung *Il demone della passione*. Hier ist es die unbeherrschte Leidenschaft und sexuelle Gier, die mögliche Kontrollmechanismen wie Vernunft, Ethik und Moral außer Kraft setzt. Memmo, ein tüchtiger Schmied, ist verwitwet und Vater zweier Söhne. Diese, Nello und Cecco, beide Mitte Zwanzig, helfen dem Vater im Betrieb. Die Harmonie ihres Zusammenlebens wird jäh gestört, als Memmo sich in die gut aussehende, arbeitsame Marta verliebt. Marta hat als Vollwaise ein schweres Leben hinter sich und lebt mit ihrer Tochter Angelica in bescheidenen, wenn auch nicht ungesicherten finanziellen Verhältnissen. Nach einigem Zögern nimmt sie Memmos Heiratsantrag an. Als dieser den Söhnen seine Absicht, Marta zu ehelichen, mitteilt, zerbrechen Hass- und Neidgefühle die vormals intakten Vater-Sohn-Beziehungen. Denn beide Söhne haben sich ebenfalls in Marta verliebt, die unfreiwillig zum Objekt ihrer Begierden wird. Es entsteht eine gefährliche Rivalität zwischen Vater und Söhnen, aber auch Nello und Cecco werden zu Rivalen. Beide hegen Mordpläne, um durch die Beseitigung des Konkurrenten ans Ziel ihrer Wünsche zu gelangen.

Nach der Heirat bleibt Angelica, die ihrer Mutter in Liebe zugetan ist, bei Marta wohnen. Sie ist heimlich in Nello verliebt, den seine Begierde nach Marta aber blind macht für Angelicas stilles Werben. Schon recht bald kühlt Memmos Liebe ab, er vernachlässigt Marta und verliebt sich in Angelica. Er will ihren Widerstand gewaltsam brechen und verletzt sie – wenn auch ungewollt – bei einem Vergewaltigungsversuch tödlich. Beim Anblick der toten Angelica verliert Memmo den Verstand.

Am selben Tag hat Nello auf dem Feld beobachtet, wie Cecco Marta zu vergewaltigen versucht. Er ersticht den Bruder und stellt sich dann der Polizei. Marta, neben Angelica die einzige Lichtgestalt in dieser Erzählung, stirbt bald darauf an gebrochenem Herzen. Die positiven Frauengestalten bilden einen auffallenden Kontrast zum negativen Bild der Männer, deren Mangel an Selbstkontrolle Leid und die Zerstörung menschlicher Beziehungen zur Folge hat.

Einzelaspekte der Interpretation

Alle drei Erzählungen, die ich aus dem Corpus ausgewählt habe, spielen im ländlichen Milieu kleiner Orte Süditaliens. Die Handlung wird bestimmt von der kleinbürgerlichen Welt der Familie und der Dorfgemeinschaft. Sie spiegeln die Kämpfe, Streitigkeiten und konfliktträchtigen Beziehungen.

Der Personenbestand rekrutiert sich aus Bauern, Handwerkern und Händlern und repräsentiert eine breite Palette menschlicher Existenzen, die in Extremsituationen dargestellt werden, verursacht durch unkontrollierte Affekte und Leidenschaft.

In dieser bäuerlichen Umwelt Cilentos haben auch die Tiere ihren festen Platz, besonders der Esel als Symbol des Widerstandes gegen Moderne und Fortschritt schlechthin, während andere Tiere, wie die Spinne und der Floh, Träger von Erscheinungsformen wie Zerstörung und Korruption sind.

Die Menschen leiden an tiefer Orientierungslosigkeit, deren Ursache im Verlust religiöser Bindungen und dem Fehlen verbindlicher ethischer Normen, die Bestimmungsgrund ihres Handelns sein könnten, zu suchen ist.

Diese Welt ist durch das völlige Fehlen von Transzendenz gekennzeichnet. Es herrscht das Böse und es dominieren die Zyniker. Positive Figuren sind fast nur die Frauen, während die Männer rohe Gewalt, Unbeherrschtheit und Mangel an Kontrolle ihrer Affekte und Triebe durch Instanzen wie Verstand und Vernunft kennzeichnen. Sie leben rücksichtslos ihre Leidenschaften aus und zerstören dabei nicht nur sich selbst, sondern auch ihre Familie. Während die Männer ihrem zerstörerischen Sexualtrieb folgen, sind Wesenszüge der weiblichen Figuren Herzensgüte und Geduld.

Alle Frauengestalten sind wie Marta in *Il demone della passione* gottesfürchtig. So ist Teresa in *Il demone dell'alcool* „timorata di Dio", und trotz des Schweigens Gottes (S. 630, „invocava l'aiuto del Signore", ma non ascolta) von tiefer Religiösität erfüllt.

Dem äußeren Vorzug der Schönheit entsprechen innere Werte, so bei Angelica in *Il demone della passione*, der eine „eccezionale bontà" zugesprochen wird.

Der Treue der Frauen steht die Treulosigkeit der Männer gegenüber: Marta wird von ihrem Liebhaber Enrico – er verlässt Marta, die ein Kind von ihm erwartet und der er die Ehe versprochen hat – und später von ihrem Ehemann Memmo betrogen. Machtmissbrauch ist an der Tagesordnung. Peppe tyrannisiert Frau und Kinder: „La moglie e i figli terrorizzati" (S. 634). *Il demone* meint die Welt, in der das Böse dominiert und unkontrollierte Triebhaftigkeit und Leidenschaft menschliche Beziehungen zerstört. Die Vater-Sohn-Beziehung, Grundlage des Zusammenlebens der Menschen, wird von dem Zeitpunkt an belastet, wo Memmo seine Söhne über die baldige Heirat mit Marta informiert. Auch die Beziehung der Brüder zueinander wird gestört, sobald sie in Marta das Objekt ihrer Begierde erblicken, das sie sich um jeden Preis verfügbar machen wollen.

Geld ist ein weiteres Merkmal der Verderbtheit und gesellschaftlichen Dekadenz. Der Autor beschreibt es als das Wesensmerkmal einer korrumpierten Gesellschaft. Verbunden mit Geld ist Sexualität, die im Werk Cilentos von Liebe als Ausdruck von echten Gefühlsbeziehungen schlecht zu trennen ist. In *Il demone della passione* verkörpert die *concupiscenza* das böse Irrationale und die Gleichgültigkeit gegenüber dem Partner.

Trotz des bitteren Pessimismus, der aus den Erzählungen spricht, sind die weiblichen Gestalten in Cilentos *racconti* Träger der Idee von einer besseren Welt, wiewohl zu fragen ist, warum sie nicht gegen diese brutale Männerwelt aufbegehren, denn ihre Liebe, und sei sie noch so selbstlos, kann den Verfall nicht aufhalten. Peppe wird trotz aller Bemühungen Teresas rückfällig, und Marta um ihr Glück betrogen. Andere Reaktionsmöglichkeiten werden aufgrund der durch Erziehung und Umwelt geprägten Demut der Frauen nicht einmal reflektiert. Die Haltung der Frauen aber ist nicht nur von Resignation, sondern auch von aktiver Liebe gekennzeichnet. Zwar fügen sie sich in ihr Schicksal, aber sie spenden anderen Kraft und Trost.

Insgesamt bilden die Frauengestalten bei Cilento einen Gegenpol zur pessimistischen Weltsicht der *personaggi maschili*. Denn das Leben besteht eben nicht nur aus Enttäuschung und unkontrollierten Affekten, sondern auch positive Gefühle wie Freude und Heiterkeit sind wichtige Aspekte. So sagt Angelica zu Nello: „La nostra esistenza è fatta di tante cose: emozioni, delusioni, gioia e purtroppo anche di dolore che però bisogna saper sopportare e vincere."

Das komplexe Beziehungsgeflecht menschlicher Existenzen liest sich bei Cilento oft wie eine Psychografie, die eine differenzierte Darstellung der Personen nach Merkmalen wie Temperament, Vitalität und Handlungsmotiven leistet. Die Situierung der *racconti* im bäuerlich-archaischen Milieu und die an der veristischen Literatur angelehnte Erzählweise rücken diese Geschichten in die Nähe von Giovanni Vergas *Novelle rusticane*.

Überlegungen zur Einblendung der Naturbeschreibungen

In die *racconti* sind feinfühlige Naturschilderungen und Landschaftsbeschreibungen eingefügt. Die Funktion dieser Naturbeschreibungen besteht darin, durch einen Gegenentwurf die Übertechnisierung und die gesellschaftliche Korruption unseres Lebens besonders drastisch hervortreten zu lassen. Meist spiegelt das von den Personen wahrgenommene Naturphänomen deren jeweilige psychische Verfassung.

Besonders deutlich wird die Beziehung zwischen dem *stato d'animo* Memmos und dem dort beschriebenen Naturzustand in *Il demone della passione* (S. 659): „Memmo era troppo felice: la serata era calda, il cielo stellato e sul mare si vedevano tanti punti luminosi: erano le lampare che si confondevano con le stelle sull'orizzonte." Auf die auffällige Kongruenz zwischen dem Kreislauf der Natur und dem Kontinuum menschlichen Lebens weist Nello hin. Beide stellen zusammengehörende Aspekte einer lebendigen organischen Beziehung Kosmos – Mensch dar: „Disse [...] che proprio al sorgere del sole tutta la vita riprende con il suo ritmo e con le sue infinite successioni di cose." (S. 661) Den wechselnden Nuancen sich wiederholender Naturerscheinungen entsprechen unterschiedliche seelische Zustände des Menschen: „se appaiano uguali al giorno precedente, sono in effetti sempre diverse e i colori sempre cangianti proprio come cambia e varia di umore l'animo umano."

Thematische und motivatorische Vorgaben

Nach Absprache mit den Schülern entschied ich mich in einer Klasse 13 für die angeführten drei *racconti* aus dem Werk *Una bolla di sapone* von Luigi Cilento. Motivations-psychologisch günstig war die Tatsache, dass die zwischen 18 und 20 Jahre alten Schüler an psychoanalytischen Fragestellungen Interesse zeigten.

Was berechtigt nun, diese drei Erzählungen als Lektüreempfehlung auszugeben?

Didaktische Vorüberlegungen

Nach eingehender Prüfung ergab sich, dass der Text in Bezug auf Lexik und Syntax nicht zu schwierig ist. Der begrenzte Umfang – *Il demone dell'alcool*: neun Seiten, *L'asino di Don Biagio*: fünf Seiten und *Il demone della passione*: 22 Seiten – macht die *racconti* auch von der Textlänge her geeignet. Motivationsfördernd ist die Tatsache, dass jede Erzählung auf ganz spezifische Weise Grundsituationen menschlichen Daseins und Probleme im zwischenmenschlichen Bereich thematisiert. Dies erhöht gerade bei Schülern, die sich noch im Stadium der Identitätsbildung befinden, die Chance des Unterrichtserfolgs.

Jede der drei Erzählungen kann selbstverständlich für sich gelesen werden. Orientiert man sich bei der Auswahl an im Bildungsplan für Arbeitsbereich 3, Literatur, formulierten Lernzielen, kann man feststellen, dass sich diese mit der Lektüre der drei *racconti* gut abdecken lassen, denn alle drei besitzen ein hohes Potenzial an affektiven Lernzielen. Liest man alle drei, bietet es sich an, mit der kürzesten, durchaus erheiternden Erzählung *L'asino di Don Biagio* zu beginnen.

Die Schüler begegnen Selbstentwürfen, deren Brüchigkeit am Schicksal der Protagonisten sichtbar wird. Der Aufweis fataler Konsequenzen menschlichen Fehlverhaltens gelangt zu differenzierter Darstellung (in *L'asino di Don Biagio* die Leichtgläubigkeit des Protagonisten, in *Il demone dell'alcool* die zerstörerische Gewalt von Alkohol, in *Il demone della passione* die verheerenden Folgen unkontrollierter Leidenschaft).

Lehrplanziele wie Stärkung der Urteilskraft und Bildung der Persönlichkeit sind nur schwer verifizierbar; diese drei *racconti* können jedoch m. E. in hohem Maße zur Stabilisierung der Persönlichkeit junger Menschen beitragen.

Beschreibung des methodischen Vorgehens

Neben der Festigung des Basisvokabulars ging es um die Erweiterung des Basiswortschatzes zu den Themen seelischer Zustand, negative, positive Gefühle, Verhaltensweisen und Wertvorstellungen (*atteggiamenti*, *compor-*

tamenti, *vizi – virtù*). Wortlisten wurden vom Lehrer erstellt und an die Schüler sukzessive ausgegeben. Kursorische Lektüre wechselte mit detailanalytischem Lesen ab. Eingeübt wurden Arbeitstechniken der Texterschließung wie Gliederung, Zusammenfassung (*riassunto*), Auswertung und die begründete Stellungnahme. Neben der Festigung und Weiterentwicklung des Wortschatzes war eine Verstärkung der Sicherheit im praktischen Umgang mit der Sprache angestrebt. Die Unterrichtssprache war weitgehend Italienisch.

Zeitrahmen:

L'asino di Don Biagio	3 Doppelstunden
Il demone dell'alcool	3 Doppelstunden
Il demone della passione	10 Doppelstunden
	16 Doppelstunden

Tafelbilder dienten der Sicherung der Unterrichtsergebnisse.

Wichtige Elemente der Textanalyse waren:

a) Die Position des Erzählers
b) Möglichkeiten der Personencharakterisierung
c) Verschiedene Funktionen der Personendarstellung
d) Stilanalysen
e) Rolle der sprachlichen Register.

Sehr wichtig ist die Selbstdisziplin des Lehrers, der eine genaue Vor- und Nachbereitung leisten muss. Anfertigen und Auswerten der Stundenprotokolle sind entscheidend für die Kontrolle des Unterrichtserfolgs.

Wirkung der Lektüre auf die Schüler

Die Schülerinnen und Schüler wurden von der Figurenkonstellation und dem Ambiente, das durch seine räumliche Distanz eine motivationsstärkende Wirkung hatte, beeindruckt: In *L'asino di Don Biagio* bildet der dreiste Betrug einen reizvollen Gegensatz zur Naivität Don Biagios. In ironischer Brechung wird der bittere Erfahrungsprozess des Betrogenen geschildert, wobei der Esel, klüger als sein Herr, die Situation durchschaut und seine Empfindung auf drastische Weise artikuliert. Die Mensch-Tier-Beziehung ist liebevoll gezeichnet, sie stimmt heiter und versöhnlich.

Gewinnbringend waren auch die beiden folgenden Erzählungen, die in engerem Bezug zur Lebenswelt junger Erwachsener stehen. Drei der Hauptpersonen, Angelica, Nello und Cecco in *Il demone della passione*, sind nicht wesentlich älter als die Schüler.

Gerade die affektiven Ziele sind mit einer Erweiterung des Erfahrungshorizonts verbunden. Ein Großteil der Konflikte ist durch mangelnde Steuerung der Begierden verursacht. Marta etwa wird zum Objekt der *concupiscenza* Memmos, Ceccos und Nellos.

Interessiert waren die Schüler an der differenzierten Darstellung der Vater-Sohn-Beziehung. Aber nicht immer ist die Beziehung Eltern – Heranwachsende bei Cilento konfliktträchtig, wie die harmonische Mutter-Tochter-Beziehung (Marta-Angelica) in *Il demone della passione* beweist. Einen hohen Aktualitätsbezug weist auch *Il demone dell'alcool* auf. Hier sieht der Schüler, wie übermäßiger Alkoholkonsum nicht nur zur Selbstzerstörung, sondern zur Vernichtung einer ganzen Familie führen kann.

Mit der Vorstellung dieser Unterrichtseinheit war nicht zuletzt auch beabsichtigt, den Autor Luigi Cilento aus fast völliger Unbekanntheit zu befreien und zugleich für die Schule zu entdecken.

Anmerkungen

1 *Bildungsplan Gymnasium*, Ministerium für Kultus und Unterricht, Stuttgart 1994, S. 712.

2 Nicola D'Antonia, „Introduzione", *Una bolla di sapone*, Napoli: Fratelli Fiorentino 1988, S. XXX.

3 Bisherige Lektüreerfahrungen hatten die Schüler mit Sciascias Kurzerzählung „Il lungo viaggio". Außerdem hatten sie verschiedene Texte aus *Realtà italiane* und *Regione per Regione* von M.C. Peccianti gelesen. Insofern war eine stufenweise Heranführung an die Lektüre einer literarischen Ganzschrift geleistet.

Bibliographie

Primärliteratur

Cilento, L.: *Una bolla di sapone*. Napoli: Fratelli Fiorentino 1988.

Nachschlagewerke

Bonora, E.: *Dizionario della letteratura italiana*. Milano: Rizzoli 1977.
Duff., A. / Maley, A.: *Literature. Resource Books for Teachers*. Oxford University Press 1990.
La Nuova Enciclopedia Universale. Milano: Garzanti 1995.
Frediani, Ch. / Salvalaggio, R.: *Letteratura italiana*, 3. Milano: Mondadori Scuola 1994.
Kapp, V. (Hrsg.): *Italienische Literaturgeschichte*. Stuttgart: Metzler ^{2}1994.
Marchese, A.: *Dizionario di retorica e di stilistica*. Milano: Mondadori ^{12}1990.
Reumuth, W. / Winkelmann, O.: *Praktische Grammatik der italienischen Sprache*. Wilhelmsfeld: Egert 1989.

Sekundärliteratur

Abbagnano, N.: *La saggezza della vita*. Milano: Rusconi 1994.
Còveri, L.: *Insegnare letteratura nella scuola superiore*. Firenze: La Nuova Italia Editrice 1986 (Didattica viva 91).
De Caprio, V. / Giovanardi, St.: *I testi della letteratura italiana – percorsi e strumenti*. Milano: Einaudi Scuola 1993.
Heinz, H.: Giani Stuparich: *Un anno di scuola – Die Behandlung einer literarischen Ganzschrift*. Stuttgart: LEU 1991.
Ministerium für Kultus und Unterricht (Hrsg.): *Bildungsplan Gymnasium*. Stuttgart 1994.

Anhang

Einheiten	Gliederung	Methodische Vorschläge	Stundenanteile
	1. L'asino di Don Biagio		
865	Ritratto di Don Biagio e di sua moglie	Detail-analytisches Lesen	1
866-867	La fregatura della fiera	Detail-analytisches Lesen	1
868	Il riconoscimento amaro dell'imbroglio	Kursorisches Lesen	2
869	Il rapporto uomo – animale; gli elementi di ironia nel racconto	Schüler-Referat Interpretazione linguistica	1 1
			6
	2. Il demone dell'alcool		
	La vita dell'autore – Introduzione all'opera	Lehrer-Referat	1
629	Aspetti diversi del carattere di Peppe – il trucco della madre	Detail-analytisches Lesen	1
630-631	Dall'armonia alla disarmonia famigliare	Kursorisches Lesen	
632-633	Le varie ricadute di Peppe	Riassunto	1
634-635	Le conseguenze destruttive dell'alcool	Detail-analytisches Lesen	2
636-637	Il tragico declino di Peppe	Considerazioni finali	1
			6
	3. Il demone della passione		
643	Le circostanze diverse di Memmo e Marta	Detail-analytisches Lesen	2
644	L'incontro alla fontana	Analisi di testo	1
645	Marta come oggetto di tanti desideri	Detail-analytisches Lesen	2
646-647	La dichiarazione d'amore e la proposta di matrimonio	Kursorisches Lesen	
648	La reazione di Marta	Kursorisches Lesen	1
649	La ferita di Memmo	Riassunto	2
650-651	L'alienamento dei figli dal padre	Detail-analytisches Lesen	
652	I progetti diversi dei fratelli		
653-654	Le varie avversità nella vita di Marta	Schüler-Referat	1
655	Il rapporto madre-figlia	Riassunto	
656	Gli aspetti diversi dell'odio nei fratelli	Detail-analytisches Lesen	1
657	La prima vista di Memmo a casa di Marta	Riassunto	
658	L'idea terribile di Cecco	Detail-analytisches Lesen	1
659	L'alienamento dei figli si rafforza	Kursorisches Lesen	

660	I progetti della sistemazione	Kursorisches Lesen	2
661-662	L'incontro Angelica – Nello – un amore non corrisposto	Riassunto	
663-664	I preparativi per il matrimonio	Kursorisches Lesen	1
665-666	Il giorno delle nozze	Schüler-Referat	1
667-668	La rottura dei rapporti padre-figli	Kursorisches Lesen	
	I malvagi piani dei fratelli		
669	Memmo si innamora di Angelica	Detail-analytisches Lesen	1
670	Un altro incontro di Nello con Angelica	Riassunto	1
671	Marta – una moglie tradita	Detail-analytisches Lesen	
672	La tragedia si annuncia	Kursorisches Lesen	1
673	I diversi pensieri dei fratelli di attuare la loro scelleratezza		
674	Cecco che tenta di violentare Marta viene ucciso da Nello	Detail-analytisches Lesen	1
675	La passione travolgente: Memmo uccide Angelica	Detail-analytisches Lesen	
676	La fine tragica di Memmo e Marta	Riassunto	1
		Considerazioni finali	
		Analisi del testo completo	
		Klausur	
			20

Tafelbild I zu „L'asino di Don Biagio"

<u>la visita alla fiera di San Francesco</u>

lo scopo della sua visita — vendere il suo vecchio asino e comprare un asino più giovane

l'esperienza penosa — Don Biagio si accorge poco di essere stato imbrogliato

<u>la fregatura come conseguenza dell'ingenuità di Don Biagio</u>

il venditore bugiardo — racconta a Don Biagio la sua storia

si riferisce all'indicazione presunta di un amico

spinge all'acquisto fingendo un pretoso compratore

Don Biagio compra il nuovo asino che in realtà è stato ringiovanito dagli zingari

Grande danno economico

Tafelbild II zu „L'asino di Don Biagio"

Il riconoscimento amaro di essere stato fregato

<u>prima indicazione</u> — l'incontro con Marcuccio che è ignaro dell'acquisto

<u>seconda indicazione</u>

le rassomiglianze del „nuovo" asino al vecchio (la statura, l'andatura)

<u>terza indicazione</u> — il comportamento dell'asino a casa

<u>prova convincente dei suoi sospetti</u>

dopo la lavatura riconosce il suo asino

Tafelbild III zu „L'asino di Don Biagio"

caratteri particolari dei protagonisti

di Don Biagio	di sua moglie Caterina
ingenuo	timorata di Dio
credule	compassionevole

I rapporti fra i coniugi e il loro asino

Don Biagio e Caterina lo amano → l'asino

← serve fedelmente

Ciònonostante Don Biagio lo vende anche se ha grandi rimorsi
ma involontariamente lo ricompra

la fregatura

conseguenze negative	conseguenze positive
il grande danno economico	legami più stretti coll'asino
la beffa	„non si muoverà più da casa mia"

Tafelbild IV zu „L'asino di Don Biagio"

Paragone del comportamento

uomo	animale
Don Biagio	l'asino
ingenuo credule ma anche crudele arrabbiato	a) morde per protestare alla sua vendita b) si beffa di Don Biagio dando un pedro sonoro c) conosce il cammino d) ringrazia con uno sguardo riconoscente

Quest'asino è più intelligente di Don Biagio.

NORBERT STÖCKLE

Vom Umgang mit schwereren literarischen Texten im Italienischunterricht

Einleitung

Nach der Lehrbuchphase und der Arbeit mit leichteren, oft adaptierten Texten warten 17- bis 18-jährige Schüler auf die Behandlung von sie stärker herausfordernden Themen und Texten, wie dies auch bei den früher einsetzenden Fremdsprachen der Fall ist. Um diesem Wunsch nachzukommen, sehen die Lehrpläne Italienisch zu Recht die Verwendung authentischer Texte vor. Diese Texte bieten, sei es als Ganzschrift oder Textausschnitt im Rahmen eines Dossiers, bei sorgfältiger Auswahl hervorragende Anlässe zur Reflexion über andere Lebensentwürfe und somit über sich selbst; sie eröffnen zudem vertiefte Einblicke in das Zielland bzw. die Zielkultur und vermitteln den Schülern auch eine Vorstellung vom Beitrag der italienischen Literatur zur europäischen Geistesgeschichte. Es ist bedauerlich, wenn Schülerinnen und Schüler in drei bis fünf Jahren Unterricht nur wenige italienische Autoren kennen lernen. Darunter könnte nicht nur die Wertschätzung für das Fach, sondern sogar für das Land leiden. Bezüglich der Verwendungsmöglichkeit stärker markierter Texte lassen sich allerdings Bedenken äußern, und entsprechend halten sich Kollegen mit deren Verwendung zurück. Wie kann man denn, so wird gesagt, am Ende des zweiten oder Anfang des dritten Lernjahrs bei wöchentlich drei Stunden Unterricht Texte einsetzen, die, gemessen am Schwierigkeitsgrad, im Englisch- oder Französischunterricht erst im fünften oder sechsten Lernjahr zum Einsatz kommen würden? Natürlich ist es von zentraler Bedeutung, die sprachlichen Voraussetzungen seiner Schüler realistisch einzuschätzen. Dabei wird allerdings nicht immer genau genug gesehen, dass die rezeptiven Fertigkeiten der Schüler aufgrund der inhaltlichen und methodischen Lernerfahrungen aus anderen Sprachen häufig recht gut entwickelt sind. Doch Textverständnis ist noch nicht alles. Man muss sich auch über die Texte äußern, sie auslegen können. In diesem Zusammenhang werden Methoden interessant, die verstärkt seit geraumer Zeit im Literaturunterricht anderer Fächer praktiziert werden.

Der folgende Beitrag möchte, ausgehend von eigenen Unterrichtserfahrungen, zeigen, wie Schüler auch mit geringerem Sprachvermögen anspruchsvolle Literatur bewältigen können. Dabei wird sich zeigen, dass diese Methoden nicht nur ihre Vorteile im Rahmen der Texterschließung und Auslegung entfalten; sie leisten auch wertvolle Dienste bei der Spracharbeit. Aufgrund der geringen Stundenzahl sollte die Spracharbeit in keiner Stunde vernachlässigt werden. Die sprachliche Förderung, sei es durch remediales Arbeiten oder durch die Vermittlung neuer Lexik, hat einen gleich hohen Stellenwert wie die Textauslegung. Beide Zielsetzungen müssen aber, wie angedeutet, gar keinen Gegensatz bilden.

Das Sprachprofil der Schüler

Die genaue Analyse des Sprachprofils der Schüler ist wichtig, da wir daraus Hinweise erhalten, welche Leistungen wir von ihnen beim Umgang mit Literatur erwarten können bzw. welche Zielrichtung unsere Spracharbeit im Rahmen des Literaturunterrichts nehmen soll. Die Schüler, die mit der authentischen Literatur konfrontiert werden, haben die Spracherwerbsphase beendet, eventuell auch schon eine kleine, vereinfachte Lektüre gelesen. Sie befinden sich bei Lernbeginn in Klasse 9 und wöchentlich 3 Stunden Unterricht in 11/2. Bei Start in Klasse 11 erfolgt die Textarbeit ab 12/2. Wie ist das Sprachprofil dieser Schüler?
a) *Lexik*: Erkennbar ist ein deutlicher Unterschied zwischen der produktiven, aktiven Verfügbarkeit und dem passiven Verständnis:
– Aktivwortschatz: recht dünne Vokabeldecke, die entsprechend der vorangegangenen Lehrbucharbeit, in der es um die Vermittlung von Alltagssituationen geht, meist konkrete, anschauliche Dinge umfasst.
– Es dominieren die „mots passe partout“: *dire* (*affermare*, *sostenere*...) *andare* (*salire*, *scendere*, *precipitarsi*...), *fare*. Es fällt allgemein schwer, sich differenziert auszudrücken.
– Es gibt Themen bzw. Themenbereiche, die lexikalisches „Niemandsland“ sind, weil sie im pragmalinguistischen Ansatz, dem es um die sprachliche Ausgestaltung von Alltagssituationen geht, nicht vorkommen. Gerade solche Themen aber, über die sie sich nicht äußern können, interessieren oft unsere Jugendlichen. Beispiele: „I giovani della loro età: tra il farsi indipendente e vivere a casa“ (Konfrontation mit anderen Lebensentwürfen); „Il mondo politico attuale (e passato)“; „Il mondo del lavoro“; „I rapporti Italia – Germania“ u.a.
– Durch den meist sehr gerafften, zügigen Sprachunterricht, in dem die Zeit fehlte, Sprechmittel zu festigen, die in bestimmten Situationen gebraucht werden, fehlen den Schülern die für die gesprochene Sprache typischen spontanen Wendungen. Wann hört man schon einmal spontan im Unterricht so gängige Formulierungen wie z.B. (zum Ausdruck einer Unsicherheit/eines Einwandes) „Non saprei cosa dire; io non la penso così; a pensarci bene ...“ oder „Ora basta; smettila; lascia perdere“, wenn man seinem Gegenüber einen Widerspruch signalisiert.
– Auch das Besprechungsvokabular ist erst in Ansätzen vorhanden.
b) *Syntax*: Dominanz der Parataxe; Probleme mit der Textökonomie.
c) *Grammatik*: Sie wird abhängig vom Übungsgrad beherrscht, bei der spon-

tanen Realisierung kann es aber aufgrund einer zu geringen Automatisierung immer wieder zu überraschenden Fehlern kommen: *parlono; *saperanno; *è stato il ceto sociale, il meno preparato.

Das passive Verständnis, die Verstehensleistungen (v.a. beim Lesen, weniger beim Hören), sind dagegen viel höher als die produktiven Möglichkeiten (wobei auch hier immer zu trainieren ist, wie man sich ohne Wörterbuch helfen kann).

Aus dieser knappen Analyse ergibt sich, dass der Italienisch-Unterricht, auch der Literaturunterricht, Sprachunterricht sein muss. Anders ausgedrückt: Auch der Literaturunterricht muss konsequent auf die Festigung und Erweiterung der aktiven Sprachkenntnisse hin angelegt sein. Ein Weg dahin kann sein, vor allem die wertvolle Lexik, Ausdrücke und Kollokationen der Primärebene in den aktiven Sprachbestand der Schüler zu überführen. Wie häufig arbeiten wir mit Texten, sprechen über Texte, deuten sie aus, vernachlässigen aber dabei die sprachliche Förderung, die in der Aneignung der sprachlichen Realisierungen des Primärtextes liegen könnte. Die Option für die Primärebene gibt die Richtung an für die einzuschlagende Methode: Man muss Wege suchen, die die Schüler mit dem Sprachmaterial der Texte konfrontieren und die sie veranlassen, es auch zu nutzen. In diesem Zusammenhang werden Methoden interessant, die seit geraumer Zeit im Deutsch- und im Fremdsprachenunterricht verstärkt praktiziert werden.

Literatur im Fremdsprachenunterricht

Die zentrale Frage, die sich uns Unterrichtenden stellt, ist folgende: Wie können wir der jeweiligen Literatur angemessen begegnen, das leisten, was wir Interpretation nennen, und gleichzeitig einen schüleraktivierenden, motivierenden Sprachunterricht halten, in dem es zu einem hohen Sprachumsatz und zu einem entsprechend hohen sprachlichen Ertrag kommt?

Ein Blick über die Fachgrenzen zeigt, dass wir aus den Diskussionen der letzten Jahre über den Einsatz von Literatur sinnvolle Vorschläge aufgreifen können, wobei wir einige fachspezifische Zusätze anzubringen haben.

In der fachdidaktischen Diskussion verschiedener Fächer (Deutsch, Englisch, Französisch) werden seit einigen Jahren die besonderen Vorzüge eines leserorientierten Umgangs mit der Literatur herausgestellt bzw. diskutiert. Es geht, ganz allgemein gesprochen, darum, den Leser mehr zu seinem Recht kommen zu lassen. „Verstehen" ist mehr als das Nachvollziehen eines Gemeinten oder bloßes Erkennen eines Textsinnes. Der Lesende, der Lernende soll eine für sich relevante „Wahrheit" erfahren. Nunmehr soll also das literarische Werk nicht primär Distanz nehmend analysiert werden (*bottom-up*), vielmehr soll die subjektive Sicht des Lesers verstärkt Berücksichtigung finden (*top-down*-Vorgang). Literaturunterricht soll zum Sprach- und

Sprechunterricht werden, in dem er den „ganzen Schüler“ einbezieht, d.h. nicht nur seine kognitiven Fähigkeiten, sondern auch seine Sinne und Gefühle, um auch den emotionalen Zugang zu den Unterrichtsstoffen nicht zu verbauen. Die Vorteile eines solchen leserorientierten Umgangs mit den Stoffen sieht man auf zwei Ebenen:

– er leistet grundsätzlich einen Beitrag, den Schüler zu einem kompetenten und über die Schule hinaus interessierten Leser zu erziehen;

– aufgrund des ganzheitlichen Mitgestaltens (es findet nicht nur eine kognitive, sondern auch eine emotional-aktive Deutung des Textes statt) wird der Text auf einer existentiellen Ebene verstanden, wodurch wir der pädagogischen Zielrichtung des Literaturunterrichts gerecht werden, die auf eine Veränderung bzw. Erweiterung des Bewusstseins zielt.

Man müsste hinzufügen, dass aufgrund des geänderten Zugriffs auch die Spracharbeit eine andere Qualität erhält. Da die Schüler verstärkt eine Sprache anwenden, die ihrem Mitteilungsbedürfnis entspricht, ist davon auszugehen, dass sie sich auch besser festigt.

Mit welchen Maßnahmen kann ich nun konkret dazu beitragen, dass die Schüler aktive Rezipienten werden?

Die häufigsten Vorschläge, wie Schüler aktive Rezipienten werden, präsentiert Klaus Hinz übersichtlich in einem Aufsatz,[1] in dem er unterscheidet zwischen den a) *prereading*, b) *whilereading*, c) *postreading activities*, d.h., es wird dargestellt, was Schüler vor, während oder nach der Begegnung mit einem Text oder Werk alles tun können. Zu diesen drei Punkten gibt es jeweils eine Fülle von Anregungen. Es ist leicht vorstellbar, dass die Umsetzung dieser Zugriffe zu einem abwechslungsreichen, interessanten Unterricht führen kann. So interessant und überzeugend die Vorschläge aber auch sind, bleiben sie in einem Punkt doch undeutlich bzw. schwer nachvollziehbar: die hohe Sprachkompetenz der Schüler wird vielfach einfach vorausgesetzt. Vielleicht stellt sich das Problem im Englisch- oder Französisch-Unterricht weniger, wo evtl. ein Impuls genügt, um die Schüler zum Sprechen zu bringen. Bei geringeren Sprachkenntnissen dagegen, wie im Italienischunterricht, wird das Dilemma schnell spürbar:

Prereading activities stoßen schnell an ihre Sprachgrenzen, wenn Themen oder Bereiche angesprochen werden, die lexikalisch noch nie behandelt wurden. Zwar kommt es, etwa beim Bildeinsatz, zu einer Sensibilisierung, aber noch lange nicht zu einem regen Unterrichtsgespräch.

Bei den *postreading-activities* stellt sich dies ein wenig anders dar, da ein gewisser Rückgriff auf das bereits Gelesene möglich ist (Weiterführung der Geschichte, Bildergeschichte...).

Stellt man sich aber z.B. vor, dass man sich in eine bestimmte Person hineinversetzt, ergibt sich daraus, dass ganz bestimmte Themenfelder eingeführt werden müssen, die in die Bereiche Stellungnahme und persönliches Empfinden fallen (Freude, Wut, Trauer, Ablehnung, Zustimmung).

Zwei Beispiele aus dem Italienischunterricht

1) Erri de Luca, *Non ora, non qui*[2]

Das Buch ist 1989 erschienen, 1997 in der sechsten Auflage. Erri de Luca wohnt in Neapel, er ist dort 1950 geboren. In der Erzählung geht es um die Auseinandersetzung des Erzählers, eines älteren Mannes (er muss über 60 Jahre sein) mit seiner Mutter, wobei ihr Erziehungsstil im Vordergrund steht. Ausgangsspunkt der Erzählung sind Bilder, die der Erzähler eines Tages findet. Auf einem der Bilder ist auch die Mutter abgebildet. Er beschreibt ihren Blick folgendermaßen: „Mi guardi con il cruccio severo dove resta quel tuo eterno rimprovero a noi bambini: non ora, non qui."[3] „Non ora, non qui" bezeichnet also den Erziehungsstil der Mutter, den man zusammengefasst als autoritär, kontrollierend und kühl bezeichnen könnte. Der Junge ist so viel wie eine gehorchende Marionette, Freiräume besitzt er kaum. Er igelt sich vollkommen ein, mit seiner Außenwelt (der Vater spielt nur eine geringe Rolle) kommt es zu keiner echten Kommunikation, die sich das Kind und später der Heranwachsende so sehr gewünscht hätte. Insgesamt durchlebt der Erzähler eine sehr traurige Kindheit und entsprechend sucht man in diesem Buch (91 Seiten) nach positiven oder heiteren Episoden vergebens.

Was macht das Buch dennoch interessant, gerade für ältere Schülerinnen und Schüler? Es berührt Situationen, die jeder von uns kennt, die existentiell mit dem Menschsein verbunden sind. Somit ergibt sich zwangsläufig eine Auseinandersetzungsmöglichkeit mit Themen wie Eltern-Kind-Verhältnis, Familienfeiern bzw. Rituale (Geburtstage, Weihnachten, Ferien...), Freundschaften (Einmischung der Eltern), Schule (der einzelne in der Gruppe), Berufslaufbahn (Bewerbungsgespräch). Ein wiederkehrendes Thema ist das Gefühl, nicht den Ansprüchen genügen zu wollen, langsam seinen Weg suchen zu wollen. Neben diesen allgemein-menschlichen Themen werden im Hintergrund landeskundliche Aspekte berührt, die das Italien der Nachkriegszeit betreffen. Zu nennen sind die Not und die Armut der Bevölkerung, der langsame gesellschaftliche Aufstieg einer Familie, die durch den Krieg alles verloren hat, die Anwesenheit der Amerikaner.

Textausschnitt

Mi rimproveravi a casa il rumore. Fuori, nel vicolo, il chiasso avvolgeva la gente, la vita fuori era farsi sentire, dare un colpo più forte, mandare una voce più alta. I bambini piangevano pianti a tutta gola. I loro gridi non contenevano stizze, capricci, rimproveri, ma solo il male che provavano. I bambini che ho sentito piangere da bambino, al di là del muro, per strada, avevano pianti di ferite, di colpi presi al volo, appena passavano vicino.

Da adulto ho sentito piangere i bambini in modo diverso, in modo da protestare contro qualcosa, con un timbro di accusa che prevale su quello del dolore. Non riesco a partecipare dei loro strilli. Nella mia infanzia i bambini piangevano il male. Raccoglievano colpi che un fisico adulto non reggerebbe, sia per la sproporzione della forza usata, sia per la frequenza. Piangevano e a volte quel grido non bastava a costituire tregua e continuavano i colpi sotto il disarmo del pianto. Mi fermavo con gli occhi sbarrati, al di qua del muro, aspettando che finisse, che per favore smettesse, mentre in gola mi veniva l'impulso di gridare anch'io, di urlare insieme, come fanno gli asini, i cani. Mi chiudevo la bocca dietro i muri.

Tu opponevi al gran chiasso del vicolo il silenzio difficile della nostra casa. Di tanto in tanto, coperto dal rumore di fuori, facevo anch'io un po' di chiasso per un gioco di squadre di calcio costituite da bottoni, per una palla di gomma che schizzava sulla parete, per un bisticcio con la sorella piccola. Allora tu intervenivi a voce brusca e bassa per farmi smettere. Smettevo, ma qualche volta mi mortificavo e andavo a mettermi davanti al vetro della finestra di cucina. Non vedevo il vicolo ma rimanevo ad ascoltarlo. Distinguevo le voci, le provenienze. Tutti ci buttavano dentro i loro rumori, chiamate, lamenti, suoni di mestieri: facevano un coro che nemmeno il vento portava via.

Quando mi mortificavo dei tuoi rimproveri, voltavo le spalle alla casa e alla cucina buia. Una volta venisti a smuovermi da quella posizione. Eri venuta per consolarmi, forse mi ero dispiaciuto più del normale, per il tuo intervento. Fermai il tuo gesto con la buffa frase che ti sorprese tra il ridicolo e il rimprovero. Arrancando sulla prima consonante riuscii infine a dire senza voltarmi verso di te: „Novvoglio parole." Pensasti che per orgoglio rifiutavo di essere consolato. Non era così.

Anche se ero piccolo dovevo certamente capire che la mia sorte di bambino era diversa da quella degli altri nel vicolo. Non ricevevo colpi dai genitori, su altre teste e altre schiene cadevano le botte dei grandi.

Meglio i colpi, meglio il diritto rischioso di fare un po' di rumore quando un gioco mi prendeva la mano. Non le parole: a quelle non si poteva piangere, non si poteva rispondere e io non riuscivo a dirne una quando tu intervenivi, tra l'apnea e le balbuzie. Si impara tardi a difendersi dalle parole. Meglio i colpi sul corpo, meglio il rumore delle mani e il grido della gola, tanto era così per tutti i bambini, avrei avuto anch'io le lividure, il sangue alla bocca.[4]

Die sprachliche Analyse vor der Verwendung im Unterricht ergibt, dass der Text aufgrund seiner lexikalischen Markiertheit, d.h. der Ausdrücke, die den Schülern nach der Lehrbucharbeit nicht bekannt sind, nicht einfach ist. Es zeigen sich wenigstens 20 unbekannte Wörter bzw. Ausdrücke wie *rimproverare qc*, *il chiasso avvolgeva...*, *dare un colpo forte*, *piangere a tutta gola*, *contenere stizze*, *provare un male*, *una ferita*, *colpi presi al volo*, *protestare con un timbro di accusa*, *prevalere su*, *reggere un colpo*, *costituire tregua*, *il disarmo del pianto*, *gli occhi sbarrati*, *schizzare sulla parete*, *un besticcio*, *intervenire a voce brusca per far smettere*, *mortificarsi*, *volgere le spalle a*, *l'apnea*, *la balbuzie*.

Auch bezüglich der Gestaltung ist der Text nicht ganz einfach; er schreitet chronologisch nicht linear voran, Bericht und Kommentar gehen ineinander über.

Bei der Behandlung von Texten im Unterricht werden die folgenden Verfahren mit gewissen Variationen eingesetzt:
a) nach häuslicher Vorbereitung (eventuell mit Beantwortung einzelner Fragen) Klärung der unverstanden gebliebenen Passagen, Sichtung der Textoberfläche und Ausdeutung;
b) zügiges (stilles) Lesen zu Unterrichtsbeginn: sprachliche Klärungen, anschließend Sammlung der Ergebnisse im Unterrichtsgespräch, wobei es einer geschickten Moderation des Lehrers bedarf, den Blick von der Textoberfläche in die Texttiefe zu führen;
c) je nach Sprachkompetenz der Gruppe wird der Text in kleinere Abschnitte unterteilt, gelesen, sprachlich geklärt und ausgewertet.

Alle Verfahren haben ihre Berechtigung und sie können abwechselnd angewendet werden, um den Unterricht lebendiger zu gestalten. Man kann sich aber leicht vorstellen, dass wegen der recht starken Markiertheit des Textes der Lehrer sich v.a. bei den Verfahren b) und c) häufig klärend in das Unterrichtsgespräch einschalten muss, das nur schleppend in Gang kommt bzw. verläuft. Die dargestellte Situation selbst wird in der Kürze der Zeit nicht immer in ihrer Tiefe erfasst, es fällt den Schülern schwer, sich in die Situation nur aufgrund einer Textgrundlage hineinzuversetzen. Die Gefahr besteht, dass es zu einem Sprechen über den Text kommt (man verwendet das eine oder andere Wort), ohne innerlich besonders von ihm berührt zu werden.

Welche alternativen Zugriffe bieten sich dagegen an, die natürlich in einer stimmigen Abfolge stehen müssen?

Im Rahmen der *prereading-activities* verbinden sich mit dem Bildeinsatz mehrere Ziele. Das Bild führt die Schüler stimmungsmäßig in die Situation ein, sie werden für das Thema sensibilisiert; sie erfassen mit einem Blick, worum es sich handelt, wobei sie sich über die Hintergründe und Konsequenzen Gedanken machen müssen. Damit ist aber nicht gesagt, dass ihnen auch die sprachliche Ausgestaltung gelingt. Wie eingangs erwähnt, fehlen unseren Schülern häufig die lexikalischen Mittel, Situationen adäquat beschreiben bzw. ausdeuten zu können.

Im Vorgriff auf die Lektüre des Textes von de Luca könnte das folgende Bild eingesetzt werden.[5] (Vgl. S. 138)

Man erkennt eine (große) Frau, die einem etwa 10 bis 12-jährigen Jungen gegenüber ihren Zeigefinger erhebt und ihn offensichtlich dafür tadelt, mit dem Ball gespielt zu haben, den sie ihm deshalb abnimmt. Schuldbewusst (!?), mit geneigtem Blick und die Hände hinter dem Rücken hört sich der Junge die Strafpredigt an. In seinem Gesicht spiegeln sich Traurigkeit, Resignation und eventuell die Angst vor den weiteren Folgen seines

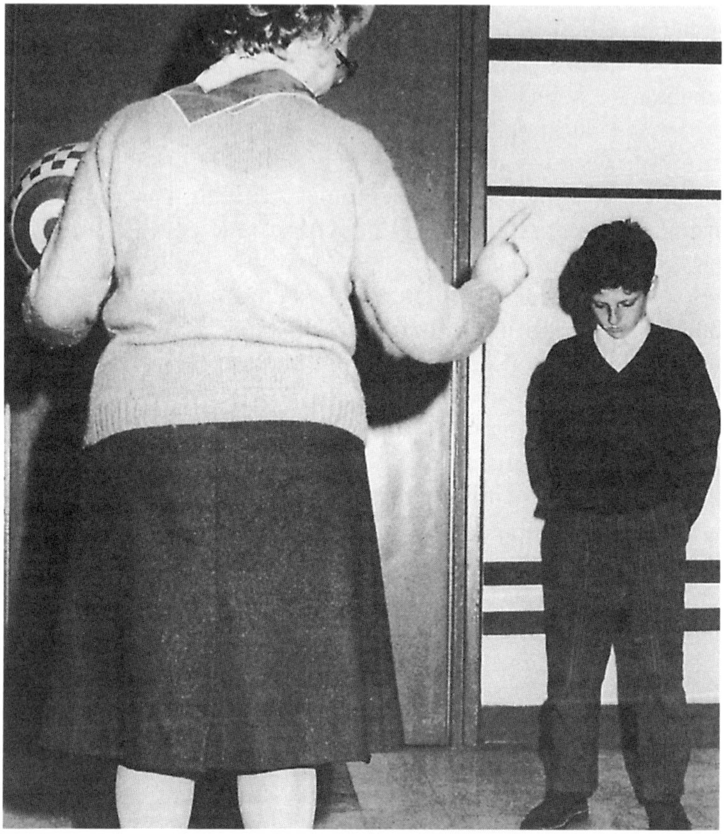

Verhaltens. Der Ort der Handlung könnte eine Schule oder auch ein Hausflur bzw. Hauseingang sein.

Unter Berücksichtung der lexikalischen Kenntnisse der Schüler war davon auszugehen, dass die offenen Impulse „Che cosa vedete? Cercate di spiegare la situazione“ nur wenige Reaktionen auslösen konnten, da Wörter wie *punire*, *abbassare la testa*, *rimproverare ecc*. nicht bekannt waren. Um aber ohne ad-hoc-Hilfen des Lehrers differenziert mit dem Bild umgehen zu können, wurden die Schüler vor dem Bildeinsatz mit zutreffendem Sprachmaterial aus dem Textausschnitt konfrontiert, das sie zum ersten Mal bei der Bildbetrachtung anwenden sollten. Die Vermittlung der Lexik kann auf unterschiedliche Weise erfolgen:

a) als Hausaufgabe oder in der Stunde selbst erhalten die Schüler einen knappen referentiellen Text,in dem sich v.a Ausdrücke des später zu lesenden Primärtextes wiederfinden. Einzeln oder in Partnerarbeit klären die Schüler diesen Text und wenden die Wörter bei der Beschreibung und Kommentierung des Bildes sozusagen als ersten Transfer an. Da es nicht sehr leicht ist, einen geeigneten Sachtext zu finden, muss der Lehrer selbst einen Text verfassen.

b) Die zweite Möglichkeit besteht darin, den Schülern ungeordnet Wortmaterial (v.a. des Primärtextes) vorzulegen, das sie entweder als Hausaufgabe oder in der Stunde selbst unter bestimmten Oberbegriffen ordnen müssen. Natürlich kann der Lehrer themenfremdes und bekanntes Material einfügen, das auf diese Weise mit gefestigt wird. Die Schüler können die Oberbegriffe selbst finden, diese können ihnen aber auch vom Lehrer vorgegeben werden. Eine solche Arbeit, die in Einzel- oder Partnerarbeit (mit Hilfe eines zweisprachigen Lexikons) ausgeführt wird, aktiviert alle Schüler, auch die schwächeren. Dank der recht guten Verstehensleistungen lässt sie sich auch schnell ausführen. Der Ertrag einer solchen Arbeit, der bei der Bildauswertung deutlich wird, ist im Allgemeinen hoch. Es bestätigen sich hier Erkenntnisse der Lernpsychologie, wonach eigenständiges Bearbeiten des Vokabulars (das inhaltliche Zuordnen, das eigene Schreiben, das Suchen) die Behaltensleistung beträchtlich erhöht. In unserem Fall ordneten die Schüler das Wortmaterial unter die angebenen Oberbegriffe wie folgt:

Chi punisce	come puniscono	motivi della punizione
adulti	alzare la voce	mancanza di comprensione
parenti	strillare	dare un aiuto
persone poco istruite	guardare in faccia	imporre certi ideali
	dare uno schiaffo	imporre il rispetto di regole
	rimproverare qu	imporre la propria volontà
	menare	
	dare un colpo, delle botte	
	far smettere un'azione	
	vietare qc	
	mortificare	
chi viene punito	**effetto della punizione**	
bambini	piangere a tutta gola	
adolescenti	abbassare gli occhi	
giovani	reggere un colpo	
minorenni disubbidienti	smettere di piangere	
	mortificarsi	
	ubbidire in futuro	
	essere ferito nel corpo/nell'anima	
	avere delle lividure	

Die erarbeitete Wortliste zeigt, dass die Schüler nun imstande sein können, das Bild angemessen zu beschreiben und durch zutreffende problemorientierte Impulse („Perché lo punisce? Lui si rassegna? Perché abbassa la testa?

Che faccia farà la donna? Cosa faranno dopo, il ragazzo, la signora? Ha ragione di punirlo?") auszudeuten. Dies erledigen sie also dadurch, dass sie quasi als ersten Transfer Wortmaterial des noch einzuführenden Textes aktiv verwenden.

In Verbindung mit dem Bild lassen sich weitere Aktivitäten vorstellen. So ist denkbar, die Schüler (in Partnerarbeit) einen Dialog (Frau-Junge), eine Strafpredigt (Frau) oder einen inneren Monolog (Junge) verfassen zu lassen. Auch ein Dritter kann von dem Vorfall berichten. Alle Aufträge können mündlich oder schriftlich ausgeführt werden und dienen v.a. der Festigung von Sprechmitteln.

In unserem Fall folgte hingegen ein anderer Zugriff, nämlich eine Pyramidendiskussion, die die Schüler zu einer intensiven Auseinandersetzung mit dem Problemgehalt des Themas zwingt. In Anknüpfung an das Bild wurden die folgenden vier Sätze an die Tafel geschrieben:

1) I bambini e i giovani imparano da sè a conoscere i propri limiti. Ci vuole pazienza.
2) Per far rispettare le regole ci vogliono, se necessario, anche le botte.
3) Basta il buon esempio.
4) La punizione peggiore sono le botte.

Die Schüler sind aufgerufen, eine Behauptung auszuwählen, mit der sie sich am ehesten identifizieren können. Anschließend setzen sich diejenigen Schüler, die das gleiche Statement gewählt haben, zusammen und bereiten sich kurz auf die nun folgende Diskussion mit den anderen Kleingruppen vor, wobei sie auch mitbedenken sollen, warum sie die anderen Positionen nicht teilen. Im vorliegenden Fall reichen die Positionen von einem „laisser faire"-Erziehungsstil bis zu einem, der auch körperliche Züchtigung gutheißt. Da eine solche Aufgabenstellung die Schüler direkt persönlich anspricht, bildet sie im Allgemeinen einen motivierenden Gesprächsanreiz. Bezogen auf die inhaltlichen Möglichkeiten scheint mir ein solcher Zugriff gerade für unsere älteren Schüler geeignet bei der Behandlung von Fragestellungen, die sie (existentiell) betreffen und die kontrovers diskutiert werden können.

Die Sichtweise des noch einzuführenden Textes darf natürlich von der Lehrerseite nicht vorweggenommen werden. Die Auseinandersetzung mit dem Text soll sich vielmehr aus der Sache heraus ergeben, d.h. aus dem Bedürfnis der Schüler heraus, sich noch mehr Klarheit in einer schwierigen Fragestellung zu verschaffen.

Sprachlich dient die Pyramidendiskussion v.a. der weiteren Festigung des bekannten und des neu erworbenen Sprachmaterials aus den vorangegangenen Unterrichtsschritten. Die für eine Diskussion typischen Sprechmittel (*Io la penso così*; *ma no, è esagerato*; *vorrei aggiungere...*) können besonders gefestigt werden. Die Rolle des Lehrers beschränkt sich bestenfalls auf die Mitschrift der Diskussion (Notierung der Fehler) oder auf eine zurückhaltende Moderation.

Nachdem sich die Schüler nunmehr inhaltlich und auch sprachlich mit der Fragestellung auseinander gesetzt haben und mit einer gesteigerten Erwartungshaltung dem noch ausstehenden Text entgegensehen, bietet es sich an, sie nun mit dem Originaltext zu konfrontieren. Dies erfolgte in unserem Fall aber in einer modifizierten Form, indem den Schülern nur der erste Satz des oben zitierten Textes vorgelegt wurde. Dadurch waren sie angehalten, ihre volle Aufmerksamkeit auf die einzelnen Satzelemente zu richten, die wie ein kleines Rätsel im Hinblick auf den Ganztext entschlüsselt werden sollen. Die Schüler schulen auf diese Weise ihre Fähigkeit, von Textausschnitten auf das Ganze zu schließen. Wenn sie später den Text gelesen haben werden, können sie ausgehend von ihren Beobachtungen und Hypothesen feststellen, dass der Ausschnitt das Ganze widerspiegelt.

Der Satz wird zunächst an die Tafel geschrieben, anschließend erhalten die Schüler den Auftrag, „di trattarla come l'unico messaggio rimasto da un lungo testo." In einer konzentrierten Still- oder Partnerarbeit können die Schüler aus dem ersten Satz (*Fuori, nel vicolo, il chiasso avvolgeva la gente, la vita fuori era farsi sentire, dare un colpo più forte, mandare una voce più alta*) Folgendes herausarbeiten:

– il narratore parla due volte di fuori
– lui sarà dunque probabilmente dentro (forse in una casa)
– siamo accanto, vicino a un vicolo, dunque forse nel centro di una città. Forse ci abita la gente semplice.
– il segno particolare del vicolo è il chiasso
– la gente vuole essere sentita, gridano tutti, ognuno più forte dell'altro per essere sentito
– dentro ovviamente è tutto diverso, ci sarà il silenzio totale. Non si sa se a lui manchi questo chiasso, se guarda con invidia a quello che succede fuori o se è contento di non starci.

Das anschließende Unterrichtsgespräch entwickelt sich meist mit guter und aufmerksamer Schülerbeteiligung (d.h. mit recht hohem Sprachumsatz), was darauf zurückzuführen ist, dass alle wissen, wovon gerade die Rede ist. Jeder kann wirklich zu jedem Zeitpunkt eingreifen, indem er Ergänzungen anbringt oder widerspricht. Die Schüler können sich auch fragen, inwieweit das Thema der vorangegangenen Stunde hier eine Rolle spielen könnte. Hypothesen bezüglich des Textganzen sind stets willkommen.

Nachdem die Schüler nun einen kleinen Textausschnitt kennen gelernt haben, sind sie auf den Fortgang der Geschichte besonders gespannt, so dass ihnen im nächsten Schritt der Text präsentiert werden kann.

Die vorangegangenen Zugriffe (lexikalische Arbeit; Bildeinsatz; Pyramidendiskussion; Textausschnitt) machen weitere Texthilfen überflüssig. Die Schüler lesen den Text zügig und leise, um ihre Erkenntnisse bzw. Hypothesen aus den vorangegangenen Lernschritten bestätigt oder nicht bestätigt zu finden. Das sich anschließende Gespräch befasst sich mit den folgenden zentralen Fragen: „Chi è questo narratore? Cosa succede fuori/dentro casa?"

Dies führt zu einem Porträt des Kindes (*molto sensibile*, *vorrebbe parlare*, *comunicare*, *mostra emozioni quando altri soffrono*, *è debole*, *ha paura delle parole*, *non se ne sa difendere*) und der Mutter (*è dominante*, *impone il silenzio*, *non dà il minimo spazio ai giochi*, *vuole essere diversa da quelle persone fuori...*). Nachfragen betreffen den Aufbau (*l'intreccio/la trama*) und den Ton (*il registro espressivo*), die an den passenden Stellen gestellt werden.

Als Hausaufgabe erhalten die Schüler, quasi als *postreading*-Zugriff, die Aufgabe, aus der Perspektive der Schwester, die in dem Text kurz erwähnt wird, die Episode darzustellen und zu kommentieren. Im Vergleich zu der denkbaren Aufgabenstellung, „Spiega il comportamento del ragazzo di fronte a sua madre" hat dieser Arbeitsauftrag den Vorteil, dass die Schüler aufgefordert sind, sich in die Situation hineinzuversetzen, sie nachzuempfinden, wodurch sich auch eine intensivere Auseinandersetzung mit dem Sachverhalt ergibt. Dabei werden wieder Sprachmaterial des Primärtextes sowie die für Meinungsäußerungen typischen Redemittel umgesetzt.

2) Ferdinando Camon, *Un altare per la madre*[6]

Auch in diesem Buch steht die Mutter des Erzählers im Mittelpunkt, aber in ganz anderer Weise als bei de Luca. Das Begräbnis der Mutter, von dem anfangs berichtet wird, gibt dem Erzähler Anlass für einen Rückblick auf deren Leben. Daraus ergibt sich das Porträt einer einfachen, selbstsicheren Frau, einer Bäuerin, die ein sehr hartes und arbeitsreiches Leben geführt hat. Nach ihrem Tod wird bekannt, dass sie während des Krieges einem fremden Mann das Leben gerettet hat, indem sie seine Verfolger in die Irre schickte. Nach und nach wächst bei dem alten Vater des Erzählers die Idee, an der Stelle, an der der Mann gerettet wurde, einen Altar zu errichten, der bei einer in Kürze stattfindenden Prozession genutzt werden soll. Zwar wird der Altar trotz aller Anstrengungen des Vaters bis zum Termin nicht fertig; genutzt wird er später aber dennoch in der Kirche eines Nachbarortes. Sein Buch beendet der Erzähler mit den Worten: „Sento che, scrivendo questo libro, ho fatto esattamente la stessa cosa, costruendole questo altare di parole, secondo l'amore, la cultura e la pietà che sono propri del mondo, nel quale sono emigrato."[7]

Aufgrund der eher einfachen Sprache kann der 120 Seiten umfassende Roman durchaus als Ganzschrift im Unterricht gelesen werden. In unserem Fall wurden die Kapitel 9 und 10 behandelt.

Textausschnitt

Quando nostro padre era soldato, alla sera ci sentivamo soli. Dopo cena lei [=la madre] ci radunava attorno al focolare e ci raccontava quel che sapeva. Secondo me, inventava anche. Erano per lo più storie di santi. Aveva un modo rozzo, popolaresco, ma potente, di inventare e di raccontare. Si aiutava con la mano destra, con dei gesti ieratici come quelli del prete quando spiega il vangelo. Quello probabilmente era il suo modello. Cominciava andando alla ricerca dell'argomento, e si capiva benissimo che non sapeva nemmeno lei di che cosa avrebbe parlato. Diceva per esempio: „Stasera", e alzava la mano destra con l'indice teso, poi l'abbassava. „Ve parlerò", rialzava e riabbassava la mano destra, „de santa Teresa", restava con la mano alzata e l'indice in su. Si faceva un gran silenzio. Chi non s'era ancora sistemato con la sua sedia, la metteva giù senza far rumore, vi si accucciava tirando i piedi sul ripiano in modo da aver i ginocchi all'altezza della faccia, chinava la testa sui ginocchi e se li stringeva con le mani. Guardavamo da sotto in su, con gli occhi arrovesciati. Mio fratello era sempre colto di sorpresa, col boccone in bocca, ma questo doveva dipendere dal fatto che mangiava continuamente, benché non ci fosse mai niente da mangiare. Estatico, la contemplava coi grandi occhi blu, come quelli di lei. Smetteva di masticare, e il boccone immobile gli gonfiava la ganascia per mezz'ora.

Durante la guerra lei faceva delle focacce senza lievito, più le cuoceva diventavano dure: era come ingoiar sassi. Allora scoprimmo l'utilità di mangiarle crude, con la pasta molle e umida. Briciole di quella pasta restavano appiccicate alle mani di mia madre, quando ci passava vicino sapeva di focaccia. Focaccia in dialetto si dice *fugazza*. Una volta avevo visto una cartolina illustrata che a quanto mi pareva rappresentava una montagna, chiamata Pian delle Fugazze. Avevo appena imparato a leggere, immaginavo che in quel paese la gente avesse delle focacce cotte, dolci, lievitate, grandi come montagne. Doveva essere gente straniera, che non faceva la guerra. Noi italiani facevamo la guerra al mondo, perciò non avevamo da mangiare. Non bisognava fare quella guerra, a tutti i costi.

Qualche contadino si era rifiutato di partire, e si era nascosto. Non l'avevano più trovato. Da allora le cartoline-precetto le portavano i carabinieri, armati, in due, in motocicletta, con munizioni di riserva, e pretendevano che il richiamato partisse subito. Vennero nella nostra corte e chiesero in italiano dov'era il signor tal dei tali, noi bambini non avevamo mai sentito quel nome e cognome. Era nostro padre. Arrivò, pallido. Si vestì. Mia madre era sbalordita di quel vestimento e di quella obbedienza. Scarmigliata, con le labbra senza sangue, domandava continuamente: „Pàrtito?"

Non poteva credere che un uomo andasse in guerra semplicemente perché lo costringevano. Quella scena mi stupì come una rivelazione: il più forte in famiglia non era il padre, era la madre. Avevo visto il padre tener fermo un vitello come Ursus. Cosa avrebbe fatto nostra madre? Poi ricordo che padre e madre si abbracciavano in strada, e i carabinieri non c'erano. Probabilmente avevano l'ordine di tirarsi in disparte e lasciar parlare i genitori, come si fa anche in prigione con i condannati durante i colloqui. Poi ricordo che mio padre partiva a piedi, e la moto dei carabinieri lo seguiva passo passo, col motore al minimo, come si fa con un prigioniero.[8]

Den Textausschnitt kann man in verschiedenen Dossiers einsetzen, etwa bei der Behandlung des Themas „Krieg“ oder des Themas „Kinder-/ Jugendalltag früher und heute“ und anderen.

Da er keine großen Verständnishürden enthält, konnte auf eine systematische lexikalische Vorentlastung verzichtet werden. Entsprechend lag der Schwerpunkt der Auseinandersetzung mit dem Text diesmal nicht vor, sondern nach der Textbegegnung. Zur Einstimmung auf den Text und, um eine Erwartungshaltung zu schaffen, erhielten die Schüler im Vorgriff nur den Impuls zu überlegen, wann sie besonders aufmerksam zuhören („In quali occasioni ascoltate attentamente?“), um anschließend die eigene „Zuhörerhaltung“ vor den Mitschülern zu demonstrieren, die von diesen zu versprachlichen war. Die Beschreibung der Körperhaltung, der Gestik und des Gesichtsausdrucks dient der Einführung und Festigung wichtigen Vokabulars, das wegen der immer wieder anfallenden Personenbeschreibungen von hoher Frequenz ist. Zusammen mit dem Textausschnitt, der rasch zu bewältigen war, erhielten die Schüler den Auftrag, Oberbegriffe zu finden (*le serate*; *le storie della madre*; *il cibo*; *la partenza del padre*), die anschließend an der Tafel gesammelt und inhaltlich aufgefüllt wurden. Die Folgestunde war ganz der Nachbereitung der Beobachtungen der gelesenen Szenen mittels der Tableau-Technik gewidmet. Dabei gestalteten die Schüler eine Szene (in diesem Fall die Erzählszene der Mutter) maximal aus, indem sie wie für eine Momentaufnahme sowohl den Raum ausgestalten als auch selbst körperlich die Positionen der beteiligten Personen einnahmen. Mit der Tableau-Technik lässt sich eine doppelte Zielsetzung verfolgen: Sie hat zunächst eine inhaltlich-affektive Komponente, denn durch die körperliche Identifikation mit den angesprochenen Personen wird deren Gefühlswelt intensiv mit- bzw. nachempfunden. Da zweitens die Ausgestaltung vor allem unter Verwendung des primärtextlichen Sprachmaterials beschrieben und begründet wird, dient dieser Zugriff im besonderen Maße der Festigung der sprachlichen Mittel. Die dramatische Szene der Trennung des Ehepaars, verbunden mit dem Fortgang des Mannes, gestalten die Schüler aus der Sicht eines der beteiligten Soldaten, indem sie einen inneren Monolog entwerfen. Er sieht und beschreibt die ganze Situation und deutet sie aus seiner Sicht aus. Als Hausaufgabe erhielten die Schüler den Auftrag, das Ende der Geschichte neu zu schreiben, indem sie einen anderen Schluss konzipieren.

Fazit

Die Ausführungen sollten darlegen, dass es auch im spätbeginnenden Italienischunterricht dank gewisser methodischer Zugriffe möglich ist, die Schüler mit thematisch anspruchsvoller Literatur zu konfrontieren, die sowohl altersgemäße Fragestellungen aufgreift als auch die Schüler dazu anregt, sich vertieft über allgemeinmenschliche Probleme Gedanken zu machen. Da die unvermittelte Präsentation eines schwierigen Textes im Allgemeinen bei Schülern Abwehrreaktionen auslöst, so dass sprachlich und inhaltlich nur ein eingeschränkter Ertrag erzielt wird, können bzw. sollten wir vor der Textbegegnung durch schüleraktivierende Verfahren zunächst die Sprachkompetenz unserer Schüler auf ein zutreffendes Niveau steigern sowie ihre Gespanntheit auf den einzuführenden Text erhöhen. Mehrmaliges Umwälzen des wertvollen Sprachmaterials unserer Texte im Rahmen verschiedener Zugriffe kann dazu beitragen, dass die Sprachkompetenz auch bei der Bearbeitung von Literatur nachhaltig gefördert wird. Die vorgeschalteten Zugriffe sollen natürlich nicht den Umfang annehmen, dass der Text zur Nebensache wird bzw. die Schüler bis zu seiner Präsentation mit dem Thema bereits gesättigt sind, da schon fast alles gesagt wurde. Bei einfacheren Texten können vorgeschaltete Zugriffe knapper ausfallen. Nachdem die Schüler Text und Sprache kennen gelernt haben, lohnt sich eine vertiefende Auseinandersetzung vor allem im Anschluss an die Lektüre. Durch besondere Zugriffe lässt sich erreichen, dass die Schüler einen erhöhten persönlichen und sprachlichen Ertrag aus dem Umgang mit dem Text erzielen können.

Anmerkungen

1 Klaus Hinz, „Schüleraktivierende Methoden im fremdsprachlichen Literaturunterricht", in: *Praxis* 1996, 2, S. 139-150.
2 Erri de Luca, *Non ora, non qui*, Milano: Universale Economica Feltrinelli 1997.
3 de Luca, S.43.
4 de Luca, S. 35-37.
5 Giorgio Piva / Pietro Catizone, *DIMMI*. Fotoreihe zum freien Gespräch im Italienischunterricht. München: Hueber 1986.
6 Ferdinando Camon, *Un altare per la madre*, Milano: Garzanti (Gli elefanti) 1978 (2. Auflage 1987).
7 Camon, S. 121.
8 Camon, S. 49-52.

Literaturverzeichnis

Camon, Ferdinando: *Un altare per la madre*, Milano: Garzanti (Gli elefanti) 1978 (2. Auflage 1987)
de Luca, Erri: *Non ora, non qui*, Milano: Universale Economica Feltrinelli 1997.
Hinz, Klaus: „Schüleraktivierende Methoden im fremdsprachlichen Literaturunterricht", in: *Praxis* 1996, 2, S. 139-150.
Piva, Giorgio u. Catizone, Pietro: *DIMMI*, Fotoreihe zum freien Gespräch im Italienischunterricht. München: Hueber 1986.

Autorinnen und Autoren

Dr. Norbert Becker
Fachleiter i.R. für Französisch und Italienisch am Studienseminar Mainz, ehemaliger Lehrbeauftragter an der Universität Mainz

Dott.ssa Lidia Costamagna
Dozentin für Italienisch an der Università per gli Stranieri in Perugia

Bernd Crößmann
Studienrat, Lörrach

Dott.ssa Iolanda Da Forno
Lektorin für Italienisch am Sprachenzentrum der Universität Potsdam

Dott.ssa Chiara Gerini
Lektorin für Italienisch an der Universität Salzburg

Dr. Helmuth Heinz
Lehrer für Italienisch in Bruchsal, Lehrbeauftragter für Fachdidaktik Italienisch an der Universität Heidelberg

Dr. Günter Holtus
Professor für romanische Sprachwissenschaft an der Universität Göttingen

Dr. Caroline Lüderssen
Redakteurin der Zeitschrift *Italienisch*

Hannelore Martin
Studiendirektorin für Italienisch und Englisch am Studienseminar Offenbach

Norbert Stöckle
Studiendirektor, Fachleiter für Französisch und Italienisch am Studienseminar für das Lehramt an Gymnasien in Mainz

Dott.ssa Maria Cristina Temperini
Lektorin für Italienisch an der Universität Klagenfurt

Textnachweise

Norbert Becker/Günter Holtus: „I cantautori nell'insegnamento: Fabrizio De André."
Italienisch 8 / Nov. 1982, S. 62-72.

Lidia Costamagna: „Utilizzazioni didattiche delle canzoni nell'insegnamento dell'italiano come lingua seconda."
Italienisch 30 / Nov. 1993, S. 70-86.

Bernd Crößmann: „Die Arbeit mit literarischen Texten in der Anfangsphase des Literaturunterrichts. Edmondo de Amicis, *Amore e ginnastica*."
Italienisch 43 / Mai 2000, S. 92-106.

Alle anderen Texte sind Originalbeiträge.